『教行信証』入門

阿満利麿
AMA Toshimaro

筑摩書房

『教行信証』入門【目次】

第五章　「信」巻　103

第六章　「証」巻　151

『教行信証』入門

凡例

・テキストは、星野元豊・石田充之・家永三郎校注『日本思想大系』11「親鸞」（岩波書店、一九七一年）所収の『教行信証』を用いる（文中では「岩波本」と略す）。
・引用に際しては読みやすさを優先し、新字・新かなにあらためた。
・引用するテキストについて、「語注」や「現代語訳」、「大意」は、画一的には付さない。文脈のなかで理解しやすいことを優先する。
・引用文献の出典は本文中では書名、論文名のみとして、文末に参考文献一覧として出版社、発行年を付しておく。
・漢字表記については、引用文と本文とで異なることがある。たとえば「回向」と「廻向」、「竜樹」と「龍樹」など。テキストのままに引用していることから生じていて、他意はない（ただし、『教行信証』の引用に際しては、親鸞の用字に改めている箇所もある）。
・漢字のふりがなは、宗派や慣用によって異なることがある。採用には意図はない。引用文についてては引用元のふりがなを尊重した。

はじめに　『教行信証』が投げかける「非常の言葉」

人生がだんだん残り少なくなってくると、あらためて自分の人生がなんであったか、と振り返りたくなるのも人情であろう。今さら振り返っても、取り返しのつかないことには変わりはないが、それでもどこかに、わが人生に納得したいという気持ちがはたらくのであろう。そういうこともあってか、老人になると、自分の家系をたずねることに熱心になる人も少なくない。自分の生命の流れを、血統という網目のなかに位置づけたい、そして、どこからきて、どこへつながってゆくのか、ということを見定めて安心しようというのであろうか。

そういう年になって、最近、とくに納得すること著しいことがある。それは、「人界《にんがい》」に生まれる、という考え方である。それは、たんなる共感にとどまらず、これが分からないと、浄土仏教は分からないのではないかという思いにも、おそまきながらなっている。『教行《きょうぎょう》信証《しんしょう》』の内容に入る前の、いわば導入として、いささか長いがお読みいただければ幸いである。

○

「人界」とは、仏教でいう「十界《じっかい》」の一つである。「十界」というのは、辞書的な説明をすれば、「迷えるものと悟れるものとのすべての境地（存在もしくは生存の領域）を十種に分類したもの。すなわち、地獄《じごく》界・餓鬼《がき》界・畜生《ちくしょう》界・阿修羅《あしゅら》界・人間《にんげん》界・天上《てんじょう》界・声聞《しょうもん》界・縁覚《えんがく》界・菩薩《ぼさつ》界・仏《ぶつ》界、である」（『岩波仏教辞典』）。「界」は、区切りの境目とか区切りのなかの領域や社会、をいう。地獄から天上までの六つは、「六道《ろくどう》」のことである。「声聞」や「縁覚」は、大乗《だいじょう》仏教の成立以前の「聖者」を示している。「菩薩」は、いうまでもなく大乗仏教の実践者たちである。「仏」は、仏教における完成者。「六道」は、生死の世界をさまよう「六凡《ろくぼん》」であり、「声聞」・「縁覚」・「菩薩」・「仏」は、執着を断つことに成功した人々で「四《し》聖《しょう》」とよばれる。

どうして、「十界」という考え方が生まれたのか。それは、「十界」のそれぞれに「十界」がそなわっているということを主張するため、だという。つまり、「地獄」といえども、同時にほかの九界がそなわっているのであり、「人界」にも、「人間」以外の九界が存在することになる。ということは、いかなる境涯にあっても、かならず「仏」になれるということであり、「仏」の世界にも「地獄界」があって、「仏」は地獄の罪人の救済に活躍する、ということらしい。もっといえば、境涯がなんであれ、すべては「仏」になれるという意味で、成仏の「平等」を強調するために「十界」説が説かれたということであろう。「人界」にある私が「仏」への道を歩むことができるのは、「人界」にも「仏界」がそなわっているから、ということになる。法然が「凡夫《ぼんぶ》」の境涯を強調したのは、それが「人界」の本質だからである。「人界」の存在であることが痛感できなければ、「仏界」への要求なども生まれようがない。

○

私が「人界」という考え方に共感するのは、もう少し世俗的な意味である。それは、自分の「生」を、思いも及ばない時間軸と空間軸のなかでとらえることのメリットである。

私たちは、自分の生命は誕生からはじまり死をもって終わると考えている。その間の、長くて百年間が人生ということになる。そして、その間で、自己実現を図り、人生の諸問題を解決しようとする。だが、だんだん時間がなくなってくると、差し掛けだらけの人生に慄然《りつぜん》とする。なにも実現されず、ましてや解決もなされていないのに、人生の残り時間だけがなくなってきている！　と。

あるいは、社会の矛盾の解決のために、少なくない自己犠牲を重ねて運動を続けていても、一向に解決の兆しも見られずに、絶望に陥ることも少なくない。世の中はこんなものか、といった投げやりな気分が生まれたり、ニヒリズムに堕ちていったりもする。

こうした不安や絶望は、人生を誕生から死までに限定していることから生じるのではないか。死ねば「無」になるという考え方も、人生は、誕生からはじまり死で終わる、という「思いこみ」から生まれている早とちりなのではないだろうか。

○

「思いこみ」といったが、それでは、誕生から死までの人生以外に、どんな人生があるというのか、とただちに反論を受けるであろう。現実の人生以外に、別の人生があるとしたら、それは非科学的なおとぎ話でしかない、自分はそんな非科学的な空想などで人生を意味づけるつもりはない、と。

だが、人は科学的に証明できる時間軸や空間軸だけで生きているのではない。非科学的であろうと、「納得」できる「意味」の世界のあることが大事なのではないか。私には分からないが、スマホなどで若者たちはゲームに夢中になっている、と聞く。それは、ファンタジーや空想的な物語であっても、そこに納得するに足る「意味」があるからこそ、共感できることを示しているのであろう。

そういう意味では、人生を支える時間は、誕生から死までの百年間にかぎらないだろう。いや、むしろ「百年間」に限定するところに、人生の意味づけが浅くなり、豊かさが失われることにもなるのではないか。

この点、「六道」という「物語」によれば、生まれるということは、「六道」のいずれかから「人界」に生まれてくることであり、死ぬということは、「六道」のいずれかへ戻る、ということになる。

どうして、このような「物語」が生まれたのか。それは、人間のもつ、底知れない不安や不条理、不可解さ、不透明さに対処するためではないか。普通の暮らしでは、そうした「物語」を必要とはしない。運が悪かったとか、私には関係がないとか、人生はそんなものだ、というわけしり顔ですませている。

しかし、不幸な人生を歩まざるをえなくなると、どうして私だけがこんなにつらい人生を送らねばならないのか、とまったく途方にくれる。小説を地で行く人生に、我ながら慄然とする。自分のなかには、自分でも分からない自分がいる、と。

そうした、自分のなかにいる不可解な自分を、正面から問題にした作家は少なくない。夏目漱石は、その代表的な一人であろう。漱石は、自分の心の中には、「底のない三角形」や「二辺並行せる三角形」がある、あるいは、「海嘯《かいしよう》と震災は、ただに三陸と濃尾《のうび》に起こるのみにあらず、また自家《じか》三寸《さんずん》の丹田《たんでん》中にあり、剣呑《けんのん》なるかな」(『人生』)と嘆いた。

古代インド人は、そうした不条理、不安、場合によれば恐怖を納得するために、「六道」の「物語」をつくったのではないか。「六道」は、科学的に証明できる実在の世界だというのではなく、「六道」の考え方を受け容れれば、不条理や不安、恐怖の説明がつけやすい、ということなのだ。

だから、「六道」の「物語」を非科学的だといって否定しても、人間のもつ根源的な不条理や不可解さ、不安は解消されるわけではない。むしろ、問題が拡散してしまって、問いが立てにくくなるのではないか。

○

私の親しいTさんは、魚釣りが趣味だが、普通の趣味ではない。魚を釣るとなると、何もかも捨てて釣りに夢中になる。そして、針を降ろすときに、はや、どんな魚がかかってくるかが分かるのだそうだ。Tさんは、そのような釣り好きの自分を評して、「私の前世は魚だったに違いない」と。

それは、冗談なのであろうが、私から見れば、半分は本当ではないかと思われる。つまり、人間の好奇心や生き方には、「前世」云々とでもいうしかないほど、自分でも分からない力がはたらいていることが少なくないからである。

もとより、別に話を神秘的にするつもりはないし、ましてや、迷信を売り込むつもりもない。ただ「六道」に代表される「物語」は、現実の人生のなかでは説明がつかないことを、「納得」させてくれる効用があるということだ。いや、「六道」のなかの「人界」に生まれてきたと考えることによって、自分の本質なり、「人間とはなにか」という問いと向きあうことができるのである。それが、一番大事な点であろう。

「前世」ということは、仏教語では「未生以前《みしょういぜん》」ともいう、禅の公案《こうあん》のなかに「父母《ぶも》未生以前」を問え、というのがある。夏目漱石が鎌倉の円覚寺で参禅をしたときに与えられた公案が、これであった。この公案をめぐる話は、小説『門』にくわしい。

Tさんの「私の前世は魚でした」という言葉は、立派な「公案」であろう。さらに、どうして「魚」でなければならなかったのか、と問うと、釣り以外のことも見えはじめるのではないだろうか。私の人生を推し進めてきた、数えきれない「縁」をはじめ、人生の曲がり角で、どうしてこのような選択をしたのかも、「問い」としてあらためて浮かび上がってくる。つまりは、「私」を「私」たらしめているのはなにか、という「問い」の成立である。

人は、そうした「問い」によって、はじめて「人間」になってゆくのであろう。誕生ではじまり、死で終わりとする人生では、かりに「問い」が生まれても、それを解釈する余裕がない。「問い」の方が、巨大すぎるのだ。しかし、「人界」に生まれるという「物語」を採用すると、「人間」であることの不条理や不可解さや不安の解釈が可能となり、最終的には、「人界」の問題がどこにあるのかも分かってくる。そして、「六道」を経巡《へめぐ》るのではなく、「六道」を超えた「仏」という世界に進む道のあることに気づくのである。

たしかに、こうした話は、すべて「物語」を前提にする。しかし、「物語」を笑ってはならない。漱石門下の寺田寅彦は、あるエッセイのなかで、「なつかしや未生以前の青嵐」という一句をよんでいる（『柿の種』）。「青嵐」とは、季語で「青葉を吹き渡る風、薫風」をいう。この句は、寅彦の両親が早死した姉の墓に通ったことを思い出してつくられている。五月晴れのなかを吹き渡る風を全身に受けながら、「未生以前」を感じたのであろうか。日常を超える時間軸や空間軸の世界を感じたといってもよい。寅彦は物理学者であり、地震研究の大家であり、「天災は忘れたころにやってくる」という言葉で知られている。

○

ある日の東京新聞の「筆洗」に、つぎのような話が記されていた。それは、ヨシタケシンスケさんの『このあと　どうしちゃおう』という本の紹介だ。亡くなった祖父の部屋を掃除していると、祖父の手になる一冊のノートが出てくる。天国はどんなところか、どんな神さまに居てほしいか、誰にも言えなかったことを聞いてくれる神さま、空の飛び方を教えてくれる神さま等々。このノートを読む孫が、そのうち考える。おじいちゃんは楽しそうだけれど、本当は死ぬのが怖かったのではないか、と。実は、作者のヨシタケさんは、長患いの末に逝った母に、死の恐怖について一緒に考えてあげられなかったという悔いがあったのだ。だから、こういう本をつくって、日ごろからふざけ半分に、気楽に死について話し合えれば、という願いが込められている、という。

そこで「筆洗」子が書いている。「どんな「あの世」に行きたいかを語り合えば、どう

「この世」を生きたいかを語ることになるかもしれない」、と(二〇一六年六月三日付)。

「六道」の「物語」に引き寄せていえば、つぎの生を「六道」のいずれになるかを予測すると、現世での生き方にも変化が生まれるのではないか。あの「地獄」や「餓鬼」、「畜生」の世界に戻るのか、それはもう御免だ、となるはずだが。

○

人は「人界」に生まれてくるものだ、という認識が、人間とはなにかを考えることになり、それがやがて「仏」への道をもとめることになることを強調したのは、九世紀の源信僧都《げんしんそうず》であった。そのいうところは、「極論」を信じてみよ、ということだ。どういうことか。「創唱《そうしょう》宗教」(教祖がいて教義があり、教団がある宗教のこと)は、一般に、常識では理解ができない「物語」によって構成されている。浄土仏教でも、「法蔵《ほうぞう》」という人間が阿弥陀仏という仏になり、すべての生きとし生けるものを仏にする願いを実現して、現にいま西方《さいほう》浄土《じょうど》にいる、という。それは、日常のものの考え方や「尺度」でこと足りている場合には、荒唐無稽《こうとうむけい》な「物語」と映る。

だが、ひとたび、そうした「尺度」が無効となるような事態に直面したとき、人ははじめて「非常の言葉」(常でない言葉、『教行信証』の「証」に出てくる言葉)で綴られた「物語」に関心を示す。

だが、その場合でも、多くの場合、すでに身についている「尺度」から自由になることはむつかしい。阿弥陀仏の物語も、日常的な考えから理解しようとして躓く。この躓きに陥らずに、「非常の言葉」をそのまま受け容れるにはどうしたらよいのか。

源信によれば、「極論」を認める、ということなのだ。つまり、人は「妄念《もうねん》」のかたまりだと認めよ、ということになる。源信は、いう。「妄念はもとより凡夫の地体《じたい》なり。妄念の外に別の心もなきなり。臨終《りんじゅう》の時までは、一向《いっこう》に妄念の凡夫にてあるべきとこころえて」、と。

「妄念」は仏教では、「迷妄への執念」をいう。それは、「苦」の根本原因である「無明《むみょう》」(無知)のことにほかならない。「無明」は、人間と世界について無知であり、しかもその無知に気がつかないことである。それゆえに、いたずらに迷妄をくり返す。まことに「愚か」そのものの状態をいう。

「地体」とは、本来のあり方、本質のこと。「凡夫」はいうまでもなく、自己中心性を免れることができない私たちのあり方。「妄念は凡夫の地体」とは、私たちが愚かさの故に、自分の考えにこだわり、そのこだわりに縛られ続けている状況をいう。

人は例外なく「妄念」のかたまりだという断言! それはひとえに、私たちに常識の無効性を教えるためなのであろう。日常的な価値観、とくに、物事を自己中心的にしか理解しないスタンスでは、「非常の言葉」は受け容れ難い、と教えるためなのであろう。

はじめから「非常の言葉」を鵜呑《うの》みにして「信じよ」という道は仏教なのではない。まず「極論」を認めて、自己がいかに頼りのない存在であるかを自覚する。すると、阿弥陀仏の誕生の「物語」も、「妄念」のとりこになっている「凡夫」のためにつくられたことが自然に了解されてくる。

大切なことは、浄土仏教の出発点においては、常識の尺度が役に立たないということをはっきりと自覚することなのである。いいかえれば、自己の有限性の自覚ということであろう。自分が「妄念」のかたまりだと見定めることは、自己の有限性の自覚にほかならない。だが、その自覚がむつかしい。しかし、そのことを見通して阿弥陀仏の本願《ほんがん》はつくられているのだから、私たちは、「信心あさくとも」、「念仏もの憂《う》けれども」、安心して念仏すればよいのだ、と源信は教える。

こうした考え方は、源信から百年後に登場する法然にもきわめて明確に受け継がれている。要は、はじめから「信仰心」を燃え立たせるのではなく、「極論」に導かれながらおのれの正体を自覚し、「非常の言葉」に向きあう、ということだろう。

○

もとへもどろう。「六道輪廻」という物語を採用すると、自己のあり方が以前よりもよく見えることがある。たとえば、自分に生じる怒りの激しさに慄然とするとき、これはかつて修羅の世界にいたときの名残りかと疑い、あまりのケチさにあきれるとき、これは地獄の余臭なのかと肯き、食べ物への執着の強さに、まさしく餓鬼時代の名残りかと、自分を相対化してみる。すると、人間存在の危うさが見えてくるし、場合によれば、人の苦しみは、結局は無知蒙昧、智慧の足らなさに原因があることも、おぼろげながら分かってくる。

そのときなのである。仏教に出遇うかどうか。出遇っても、自分のものになるかどうか。しかし、無知蒙昧に愛想を尽かす自分がいて、その自分から抜け出たいという要求が思いもかけず強くはたらいて、仏教に生きることになる場合もある。それは、まことに得難い縁といわねばならないだろう。過去の「六道」のいずれかで、なんども仏教に出遇っていたのであろう。その時は、熟すことができなかったが、今度の「人界」では、見事に熟したのだ。そうとでも思わないと、自分が仏教に出遇い、仏教に生きることになるという不思議に納得できないではないか。

わが人生を百年間に限定せず、「六道」や「十界」という広がりのなかでとらえてみると、思わぬ効用が生まれるように思う。死後、ふたたび「六道」に戻ることだけは御免蒙りたい、と願うならば、「仏」になるという道も開けるのではないだろうか。死ねば「無」になる、ではあまりにもさびしいし、生きてゆく上での力も生まれてこないように思う。

今回、本書を上梓するのは、『教行信証』が近代以後、多くの人々に高く評価されてきたこともあるが（にもかかわらず、その本質に迫る論評がきわめて少ないのはどうしたことか）、その論理立ての筋道を紹介することが、「大きな物語」の役割を考え直す上で役に立つのではないか、と考えた上でのことなのである。

私は、かねてから、親鸞が法然の、本願念仏の教えは「南無阿弥陀仏」と口に称えることがすべてだという単純明快な教えを引き継いだうえで、あらためてなぜ称名でなければならないのかを、論理を尽くして明らかにしようとしている点に強い関心をもってきた。

現代では、強大な情報操作が普通となり、私たちは主体的に考えるよりは、既成の考え方に流されてゆく方が生きやすいという環境におかれている。また、他は疑うが自己は疑わないという「自是他非」が、いつの間にか習い性になっている。こうした状況のなかで、宗教もまた、大組織の一員となってゆくことが救済となるかのような錯覚を与えている。だが、それでは真実の世界を手にすることはむつかしいのではないか。

私が『教行信証』をとりあげるのは、『教行信証』にあふれている論理への情熱こそが、現代の疑い深い私たちにも、本願念仏という「大きな物語」を身近に感じる地盤をつくってくれるのではないか、と期待しているからなのである。

第一章　二つの前提

『教行信証《きょうぎょうしんしょう》』の冒頭は、荘重な「序文」からはじまる。だが、はじめてこの書を開く方には、親しみのない単語が続いて、短文だが、ほとんど意味を理解することはむつかしいであろう。私はむしろ、本書を読み終えてから、あらためて、序文を音読してごらんになると、親鸞の執筆の意図がよく伝わってくるのではないか、と思う。

ということもあって、「序」はここではとりあげない。かわりに、つぎの「教《きょう》」巻《かん》の冒頭にのべられている文をてがかりに、『教行信証』を理解するうえで、いわば必須と思われる仏教学上の基礎知識を紹介しておきたい。『教行信証』についての概説は、四九頁以降をご覧いただきたい。

「教」巻の冒頭は、つぎのとおり。

謹《つつし》んで浄土真宗《じょうどしんしゅう》を按《あん》ずるに、二種の廻向《えこう》あり。一つには往相《おうそう》、二つには還相《げんそう》なり。往相の廻向について真実《しんじち》の教行信証あり（岩波本、一五頁）。

ここにいう「浄土真宗」は、宗派の意味ではない。法然によって開かれた「浄土宗」の真実は、という意味。その浄土仏教には、二種の「回向《えこう》」があり、一つは「往相」、二つは「還相」という、と。つまり、「浄土宗」とよばれる浄土仏教は、「往相」と「還相」という二種の「回向」からできあがっている、ということなのである。

では、その「回向」とはなにか。また、のちにすぐ分かるが、「回向」の主体は「阿弥陀仏」である。では、「阿弥陀仏」とはどのような仏なのか。少なくとも、この二点の意味が明確に分かっていないと、のちの展開を理解することは、大変むつかしくなるであろう。ということで、「回向」と「阿弥陀仏」について、最小限の知識を記しておきたい。

阿弥陀仏とは

まず、「回向《えこう》」はあとにして、「阿弥陀仏」の説明からはじめる。

学者たちの研究によると、阿弥陀仏信仰が歴史上登場するのは、西暦紀元ころで、場所は「西北インド」であったというが、その登場には、大きな前提があったと考えられている。

一つは、「仏教」の開祖である釈尊《しゃくそん》が亡くなって、世界には「仏」が存しないという「無仏《むぶつ》」の思想が広がっていたこと。二つは、伝統的な「因果応報《いんがおうほう》」とか「自業自得《じごうじとく》」という考え方では、人は救われないのではないか、という不安がひろがっていたこと。とくに、当時の西北インドの社会ではあらゆる悪業がはびこっていて、それだけに悪業を重ねざるをえなかった人々には、「因果応報」は、「地獄」などの「六道」を永遠に「輪廻」することを教えるだけで、救いはなかった。つまり、悪業を重ねざるをえなかった人間でも救われる教えが求められていたのである。

インドでは、一世界（「三千大千世界《さんぜんだいせんせかい》」とよばれる）には一仏だけが存在する、と考えられていて、釈尊が亡くなった世界に、ふたたび仏が登場するのは、はるかな未来であり、それまでは「無仏」の時代だと考えられていた。その「無仏」に堪えられない仏教徒たちは、あらためて仏教の宇宙観を見直すと、全宇宙には無数の「三千大千世界」があることに気づく。しかも、それぞれの「三千大千世界」には一人の「仏」がいる。「三千大千世界」とは「小世界」を千の三乗倍したもので、「十億の小世界の集合体」ということらしい。しかも、それはまだ全宇宙の一部でしかない（梶山雄一「「世界」の概念について」『浄土仏教の思想』第二巻）。

そこで、この世で仏陀《ぶつだ》の出現を待つことができない仏教徒たちは、他の「三千大千世界」に現に存在する仏を奉じる道をあらたにつくりあげるのである。つまり、「十方世界」にいる「仏」たちに対して、「懺悔《さんげ》」「随喜《ずいき》」「勧請《かんじょう》」「回向」という四種の儀礼を執り行うことになった。ここに「回向」という文字が出てくる（その内容は親鸞がいう意味ではない）。

要は、こうした新しい儀礼を実践するなかで、新しい仏を見いだそうという下地が作られてきていた、ということにある。それが「阿弥陀仏」という仏を受け入れるのである。「阿弥陀仏」が出てくる最古の経典には、およそつぎのように記されている。それは、人間はもとより、飛ぶ虫、うごめく虫たちも、わが名を聞くだけで喜びが満ちて、阿弥陀仏の国に迎えられる、と。つまり、阿弥陀仏の「名」を「聞く」だけで、その人間が善人であろうが悪人であろうが、それには関係なく、阿弥陀仏の国に迎えてやがては「仏」にする、と約束しているのである。そこでは、「因果応報」や「自業自得」は、超えられている。

阿弥陀仏が、わが「名」を聞くだけでその「浄土」に迎えるという筋書きは、どのようにしてつくられてきたのか。阿弥陀仏に関する物語は、幾種類も残されているが、もっともよく知られているのが『無量寿経《むりょうじゅきょう》』（『大無量寿経』ともいう）である。それによると、つぎのようになる。

昔、法蔵《ほうぞう》という名の国王がいた。彼は、すべての人間の愚かさと無智から人々を解放して「仏」たらしめるために、世自在王仏《せじざいおうぶつ》という当時の仏のもとで出家をして、四十八にのぼる願いをおこした。そして、それらの願いを、きわめて長い年月をかけて無量の修行を実践することによって実現して、すべての人を「仏」にすることができる「浄土」をつくり、みずからも「仏」となり、すべての人を「仏」にする道筋をつくることに成功した。その道筋のなかに、仏の「名」を聞くという方法がある、というのである。

「聞名《もんみょう》」という方法に着目して、浄土仏教の基礎を築いたのは、インドの竜樹《りゅうじゅ》（一五〇～二五〇頃）や世親《せしん》（三二〇～四〇〇頃、旧訳は天親《てんじん》）であり、さらに中国の道綽《どうしゃく》（五六二～六四五）や曇鸞《どんらん》（四七六～五四二）、善導《ぜんどう》（六一三～六八一）によって発展し、日本の法然（一一三三～一二一二）によって、「聞名」は「称名《しょうみょう》」となって、はじめて「宗」として「浄土宗」が生まれた。親鸞《しんらん》（一一七三～一二六三）は、その法然を生涯の師とした。

回向とは

では、なぜ法蔵《ほうぞう》は、その修行の成果を、おのれの成仏《じょうぶつ》にだけ用いずに、一切衆生《いっさいしゅじょう》の「成仏」のために与えることができるのか。通常の「自業自得《じごうじとく》」や「因果応報《いんがおうほう》」の考えでは、説明ができない。それを可能にしたのが「回向《えこう》」という考え方である。つまり、阿弥陀仏は「回向」という考え方がなければ生まれなかった「仏」なのである。

「回向」は、日常語としては、墓参りの際などに「花」を先祖に手向ける場合などに使われる。僧侶に経を読んでもらう際の謝礼を、「回向料」ともいう。

「回向」は漢字の意味からいえば、「めぐらす」と「むかう」の合成語である。「めぐらし向かわせる」ということ。仏教語としては、「回向」は「向きを変える」ことであり、もとの趣旨とは異なる目的に転用すること、といわれる。そして「回向」には、二つのタイプがあるという(以下、梶山雄一『輪廻の思想』による)。一つは「内容の転換」であり、二つは「方向の転換」である。

「内容の転換」とは、自分が行った善い結果や幸福を自分の世俗の幸福のために使うのではなく、それを超世俗的な「仏」になる、つまり「悟り」を得るために振り向ける、ということである。「世俗的な幸福を出世間的な悟りに内容転換する」(同上、七二頁)こと、である。

他方、「方向の転換」とは、自分が苦労して手にした功徳《くどく》を、自分のために使うのではなく、方向転換してほかの人に与えること、である。法蔵の場合でいえば、無量の修行を積んで手にした功徳を人々の「成仏」のために、振り向けることが「方向の転換」である。

このような「回向」が成立すると、そこでは「輪廻《りんね》」説にあるような「善因楽果悪因苦果《ぜんいんらっかあくいんくか》」という原理も、「自分で播《ま》いた種は自分で刈りとる」という自己責任論の原理も二つながら破られることになり、「信仰ひとつによってどんな悪いことをしていても必ず救われる」という「新しい宗教」が出現することになる(同上)。これが阿弥陀仏の信仰の登場にほかならない。

では、どうして「因果応報」や「自己責任論」が意味を失うのか。そもそも「回向」という考え方が成立するのはどうしてなのか、という疑問が起ころう。それにこたえるのが、「空《くう》」の論理である(詳細は梶山雄一『空の思想』など)。

私の理解からいえば、「空」とは、存在の実体とか、区別がないということであり、あらゆるものは関係性においてのみある、ということであろう。一切が関係性のなかで理解されるようになると、人は孤立した存在ではなくなり、相互に関係しあうことになる。もちろん、その関係には、意識されることもあれば、意識できないことがらもある。こうなると、一人の善行が他者の幸福のために、あるいは、「仏」になるために影響するのも自然なことになるであろう。相互に価値の振り向けが可能となる。また、自我というものも、絶対不変の存在というよりは、無数の関係性を自我というものが支配しているあり方ということになり、自我のもつ「執着」という事態もいささか了解されるようになる。

これが、「空」という原理が「回向」という考えの基礎になっている、ということなのである。阿弥陀仏は、仏教思想史上にあらわれた「空」という考え方が生まれることによって出現してきた仏、「回向の仏陀《ぶつだ》」(梶山雄一)であることが分かるであろう。

もう少し、『無量寿経』に即して、「回向」の意味を明らかにしておこう。法蔵は、修行の成果を私たちに与える、という功徳の「方向転換」を示し、さらに、法蔵から与えられた(「回向」)力によって、阿弥陀仏の設けた「浄土」に生まれて仏になるという、法蔵からみれば、功徳の「内容転換」が行われている。

そして大事なことは、このような「阿弥陀仏の物語」のなかで説かれている、法蔵＝阿弥陀仏の「回向」のはたらきのことを「他力《たりき》」とよぶことである。「他力」は中国の曇鸞《どんらん》によって用いられた言葉だが、「他力」という言葉を用いることによって、それまでの仏教が自分の修行によって悟りをめざす「自力《じりき》」の仏教であることが鮮明となり、またそれによって「他力」の意味もはっきりしたのである。親鸞は、「他力」のことを「本願力《ほんがんりき》」ともいう。

親鸞の仏陀観

ところで、阿弥陀仏が「回向《えこう》の仏陀《ぶつだ》」であることとは別に、阿弥陀仏と歴史的釈尊《しゃくそん》、あるいは法蔵《ほうぞう》菩薩との関係、また諸仏との関係は論理的にどうなっているのか。『無量寿経』には、法蔵が出家して「世自在王仏《せじざいおうぶつ》」のもとで、四十八にのぼる誓願《せいがん》を建てて、きわめて長期にわたる難行苦行を経て、最終的にその誓いのすべてを実現して阿弥陀仏になり、目下西方極楽浄土《さいほうごくらくじょうど》において説法をしている、とある。そして、諸仏が阿弥陀仏の徳を讃えているとも記されている。こうした阿弥陀仏の誕生に関する物語を一括したのが『無量寿経』であるが、それは「大きな物語」であって、歴史的事実ではない。登場する釈尊も歴史的人物ではなく、聞き手の阿難《あなん》も、釈迦《しゃか》の弟子になっているが、「物語」のなかの人物である。聞き手には、途中から弥勒《みろく》菩薩も加わるが、弥勒も、亡くなった釈尊についで、この世に出現するという「物語」のなかの人物である。大事なことは、登場人物が歴史的に存在したかどうかではなく、「物語」として訴えてくる〈真実〉に眼を開くかどうか、である。

しかし、『教行信証』では、法蔵が阿弥陀仏になったのではなく、阿弥陀仏が法蔵となって出現したという解釈もみられる。たとえば、「証《しょう》」巻《かん》では、つぎのようにのべられている。

しかれば弥陀《みだ》如来《にょらい》は如《にょ》*より来生《らいしょう》して、報《ほう》・応《おう》・化《け》*、種種《しゅじゅ》の身《しん》を示《しめ》し現《げん》じたまうなり（岩波本、一三九頁）。

となると、親鸞は、どのような仏陀観のもとに、求道《ぐどう》を歩んできたのかについて、振り返っておく必要があろう。実際、親鸞の仏陀観についての正確な理解なしには、『教行信証』の理解もむつかしい。

そのためには、まず大乗仏教における「仏」の「三身《さんしん》」という考え方を知っておく必要がある。大乗仏教では、それまでの仏教のように、自身が悟ることは最終目的ではなくなっており、自らが悟ったのちに、さらに、自らはもちろん、自らの説法の場に参加してくれている他者とともに悟った内容である「法《ほう》」を享受するという段階が必須となる。自らが「法」

「如」：真理の世界。／「報・応・化」：「報身《ほうしん》」は仏になるための修行を積み、その報いとして得られた仏身。「応身《おうしん》」は修行の段階の高いものを救うためにあらわれた仏身。「化身《けしん》」は修行の低いもののためにあらわれるすがた（中村元『広説仏教語大辞典』から）。

を享受することを「自受用《じじゅよう》」といい、他者に「法」を享受させることを「他《た》受用」といい、こうした活動の段階にある「仏」を「受用身《じゅようしん》」（「報身《ほうじん》」）という。

そして、さらにもう一段階上があり、「変化身《へんげしん》」となることが求められる。「変化身」とは、「応身《おうしん》」ともいわれて、「衆生《しゅじょう》に応じて衆生のとおりになって現れた仏の身体」（『広説仏教語大辞典』）のことである。

親鸞によれば、このような「変化身」の仏は「生身《しょうじん》」の仏とも称されている。「真仏土《しんぶつど》」巻には、『涅槃経《ねはんぎょう》』からつぎの一説が引用されている。

> 如来《にょらい》の身《しん》を説《と》くに、おおよそ二種あり。一つには生身《しょうじん》、二つには法身《ほうしん》なり。生身と言うは、即ちこれ方便応化《ほうべんおうげ》の身なり。かくのごときの身は、これ生老病死《しょうろうびょうし》、長短黒白《ちょうたんこくびゃく》、是此是彼《ぜしぜひ》、是学無学《ぜがくむがく》と言うことを得《う》べし。（中略）法身は即ちこれ常楽我浄《じょうらくがじょう》なり。永《なが》く一切生老病死、非白非黒《ひびゃくひこく》、非長非短《ひちょうひたん》、非此非彼《ひしひひ》、非学非無学《ひがくひむがく》を離れたまえれば（中略）常《つね》に動《どう》ぜずして、変易《へんやく》あることなけん（岩波本、一七三頁）。

仏教がいう「生身」とは、生まれながらの身体をいう場合もあるが、多くの場合は、諸仏菩薩が衆生済度《しゅじょうさいど》のために神力によって仮に身体をあらわすことをいう。

こうした意味からいえば、釈迦も阿弥陀仏の「変化身」であり、法然はインドと中国、日本と三度「変化身」としてあらわれた存在だ、と記される所以となる。

つまり、「仏」といっても、大事なのは、「受用身」や「変化身」としての「仏」なのである。そしてなによりも、個々の「仏」は、「真如《しんにょ》」という真理の世界（＝「法身」）から出現しており、その真理そのものは、色も形もなく、人間には認識できないとする。右の引用文において、「法身」は「生老病死、非白非黒、非長非短、非此非彼、非学非無学を離れたままれば」とあるのは、その意味である。

そして、その「真理」（＝「法身」）から、人間に認識できる「変化身」として法蔵菩薩が出現し、四十八の誓願を実現して阿弥陀仏という「受用身」（＝「報身」）。曇鸞《どんらん》の用語でいえば「方便法身《ほうべんほっしん》」のこと）となり、その阿弥陀仏から種々の「変化身」が現れて人々を仏道に向かわしめる、と考えられている。

つまり、「法身」→「受用身」→「変化身」という「三身」が「円環的な自己展開」（梶山雄一「本願力ということ」『輪廻の思想』、一七〇頁）をなしている、と見ているのが親鸞の仏陀観なのである。このような親鸞の仏陀観について、梶山雄一は、「曇鸞の中観《ちゅうがん》思想と世親《せしん》（天親《てんじん》）の唯識《ゆいしき》思想を総合して、浄土教的な仏身論を展開している」と評価している（同上）。ここからさきは、精密な仏教学の成果を学ばなければならないが、「入門」としては、ここまででよいだろう。

とくに、親鸞の「仏」に対する考え方が、「真理」（＝「真如」、「法身」）から法蔵菩薩へ、さらに阿弥陀仏へ、そして私たちが「信心《しんじん》」（阿弥陀仏の心）を手にすることによって、「受用身」としての「仏」になり、「真如」となり、また「変化身」や「受用身」となって、まだ「仏」になっていない人々を「仏」たらしめようと活動をつづける、という循環となっていることを理解することが重要なのである。

余談めくが、親鸞が善光寺《ぜんこうじ》如来を「生身の如来」として尊重したのも、「法身」が現実の個々の人間の悩みや苦しみに応じる「生身」としてあらわれていることに格別の意義を見いだしていたからであろう（平松令三『親鸞の生涯と思想』）。

もとへもどるが、こうした循環のなかで、「往相《おうそう》回向」や「還相《げんそう》回向」が説かれているのである。つまり、真理を潜在的に求めている私たちは、「阿弥陀仏の物語」（『無量寿経』や『観《かん》無量寿経』や『阿弥陀経』）と出遇い、阿弥陀仏の要請どおりに、本願《ほんがん》を信じて念仏を称えて、「浄土」に生まれるための道を歩むことになるが（それが「往相回向」ということ）、また、「浄土」に生まれると、ふたたび「娑婆《しゃば》世界」に戻ってきて、まだ仏になることができないでいる人々を、「仏」への道に招きいれる活動をする（それが「還相回向」という）のである。

そういう点からいえば、私を「阿弥陀仏の物語」へ導いてくれた人々は、本人は否定するが、私から見れば「還相」の菩薩方なのである。そしてなによりも、称名《しょうみょう》をする私自身は、どなたかの「還相」の活動が実を結んだしるしなのであろう。私もまた、「還相」の活動のために、肉体を捨てた時、この娑婆世界に戻ってくるのである。その際には、『歎異抄《たんにしょう》』にいう、「聖道《しょうどう》の慈悲」ではなく、「浄土の慈悲」の実践者としてふるまうことができるのであろう（くわしくは拙著『歎異抄』〈ちくま学芸文庫〉を読んでいただきたい）。

くり返すが、「往相」も「還相」もいずれも、阿弥陀仏の「回向」によって成立する活動なのである。「自力」の仏教なのではない。おのれのなかの〈真実〉を磨き上げて、「悟り」に達しようとするのは「自力」であり、凡夫のよくするところではない。一片の真実心もない凡夫にとっては、阿弥陀仏の「回向」を受け入れて、それを信じて、いわれるところの「称名」を実践する以外にできることはない。それが「他力」（阿弥陀仏の「回向」の力、「本願力」）に「乗る」という浄土仏教なのである。

なお、親鸞の仏陀観は『唯信抄文意《ゆいしんしょうもんい》』などにはっきりのべられているので、見てほしい。ただ、こうした仏教学については、多くの研究がなされているから個別に見てほしい。ただし、木を見て森を見ず、という弊害があることには十分に留意する必要はあるが。

第二章　法然から親鸞へ――一願主義から二願主義へ

「一向に」とは

法然の教えは「一向《いっこう》に念仏せよ」に尽きている。「一向に」とは「ただ」ともいわれるが、文字通り、ただひたすら、という意味であろう。ただし、それは生活のすべてをなげうって寸時も惜しんで念仏だけを称えよ、ということではない。もしそうなら、生活者には不可能な教えといわねばならない。法然は誰よりも生活者に向かって本願《ほんがん》念仏を説いた。ということは、「一向に」ということは、生活のいかなる局面においても、生活を持続しながら、生活の真只中において称名《しょうみょう》せよ、ということであろう。そこでは、念仏の回数が決められたり、あるいは、念仏をするときの気持ちが特に定められるということはなかった。多くの人々は、念仏をすればかならず浄土に生まれて仏になるのだ、という素朴な喜びに支えられて、念仏に励んだのであろう。

つまり、「一向に」ということは、他の考え方に左右されることなく、念仏だけを信じて、ということだ。しかし、法然から直接教えを聞き、またその直弟子から教えを受けている間は、こうした「一向に」という言葉に疑いをもつことはなかったが、孫弟子以後の時代になってくると、「一向に」という意味が正確に伝承されず、種々の誤解が生まれてくる。たとえば、念仏の回数を重視する過ちや、あるいは、念仏だけでは浄土に生まれる条件としては不十分であり、念仏以外の修行や道徳的善行もあわせて実践するべきだ、という主張である。

こうした傾向がつよまるなかで、法然の「一向に」という言葉の意味を正確に理解するために尽力したのが親鸞である。

親鸞がまず試みたのは、念仏の根拠を本願に立ち戻って明らかにすることであった。

〈根本願〉

よく知られているように、法然の専修《せんじゅ》念仏の根拠は、『無量寿経』にある第十八願《がん》にある。しかし、法然は経典にある第十八願の文章よりも、善導《ぜんどう》の手になるつぎの文を重視した（二つの願文の相異をはっきりさせるために、あえて漢文（白文）のまま引用する。その意味については、のちに詳しく紹介する）。

若我成仏《にゃくがじょうぶつ》　十方衆生《じっぽうしゅじょう》　称我名号《しょうがみょうごう》　下《げ》至十声《しじっしょう》　若不生者《にゃくふしょうしゃ》　不取正覚《ふしゅしょうがく》。

これは善導が『往生礼讃《おうじょうらいさん》』などのなかで記している文章であり、『無量寿経』の第十八願は、つぎのとおり。

設我得仏《せつがとくぶつ》　十方衆生《じっぽうしゅじょう》　至心信楽《ししんしんぎょう》　欲生我国《よくしょうがこく》　乃至十念《ないしじゅうねん》　若不生者《にゃくふしょうしゃ》　不取正覚《ふしゅしょうがく》　唯除五逆《ゆいじょごぎゃく》　誹謗正法《ひぼうしょうぼう》。

明らかに二つの願文では違いがある。一つは、経典には「至心信楽欲生我国」という文字があるが、善導のそれにはない。二つは、経典にある「乃至十念」を善導は「称我名号下至十声」と読み替えている。三つは、善導は経典にある「唯除五逆誹謗正法」という文字を削除している。ちなみに、善導や法然が念仏の根拠としているのは経典の願文にある「乃至十念」という言葉である。ここでいう「十念」は念仏を称えること、少なくとも十回、という意味である。

問題は、法然がどうして経典の文章よりも、善導の文章を重んじたのか、ということにある。そもそも、善導はなぜ経典の第十八願の文章を、特に一つめの「至心信楽欲生我国」の部分を右のように書き換えたのであろうか。

結論だけをのべておけば、善導は経典にある四十八《しじゅうはち》願のすべてについて、文字化されてはいないが、十方の衆生が阿弥陀仏の名を称すれば、かならず浄土《じょうど》に生まれる、という意味が含まれている、と解釈した。つまり、「十方衆生　称我名号　下至十声　若不生者　不取正覚」の文字が四十八願のそれぞれに隠されている、と理解したのである。そして、それは四十八願全体を貫く根本の願を示しており、第十八願はその意味をもっともよくあらわしている願とみる。

善導いわく、

『無量寿経』云。法蔵比丘、在世饒王仏所、行菩薩道時、発四十八願　一一願言、若我得仏　十方衆生　称我名号　願生我国　下至十念　若不生者　不取正覚。今既成仏。即是酬因之身也（『観経疏《かんぎょうしょ》』玄義分《げんぎぶん》）。

【読み下し文】

無量寿経にいわく。法蔵比丘《ほうぞうびく》、世饒王仏《せにょうおうぶつ》のみもとにありて、菩薩《ぼさつ》の道を行《ぎょう》じたまいし時、四十八願を発《ほっ》しき。一一《いちいち》に願《がん》じていわく、もし我《われ》、仏《ぶつ》を得《え》んに、十方衆生《じっぽうしゅじょう》、我《わ》が名号《みょうごう》を称《しょう》して、我が国に生まれんと願《がん》じて、下十念《しもじゅうねん》に至《いた》って、もし生まれずば、正覚《しょうがく》を取らじ。今すでに仏に成りたまえり。即《すなわ》ち是《こ》れ酬因《しゅういん》の身也《しんなり》、と。

ちなみに、親鸞は『教行信証《きょうぎょうしんしょう》』の「真仏土《しんぶつど》」巻《かん》で、このことを紹介している（岩波本、一八〇頁）。

では、善導はどうして、四十八願のそれぞれに右のような〈根本願〉があると解釈したのであろうか。

善導は、七世紀の中国・唐時代に生きた仏教徒であるが、同時代の学匠から、阿弥陀仏は「報仏《ほうぶつ》」（右の文章では「酬因の身」とある。意味は修行の成果に見合う結果を手にしている仏）とはいえないのではないか、と批判された。そのことに対して、善導は、四十八願の一つ一つは内容や言葉が異なるが、いずれの願にも、〈根本願〉が付されていて、「衆生称念《しゅじょうしょうねん》すれば必ず往生《おうじょう》を得る」がゆえに、阿弥陀仏の本願は空論ではないと反論した。称名の絶対的価値を主張する根拠として選ばれたのが、〈根本願〉であり、善導の関心は「称名」の価値を主張するところにあったから、『無量寿経』の第十八願にある「至心・信楽・欲生我国」（三《さん》心《じん》という）は棚上げとなり、「乃至十念」という念仏の「行」だけが注目されて、右のように改変された、と考えられる。

善導の第十八願を書き換えた文章は、経典にある言葉の一部を消去し、善導が新たに一部の言葉を加えているので「加減《かげん》の文」といいならわされている。

「安心」

法然が経典の第十八願の文で重要視したのは、「乃至十念《ないしじゅうねん》」であり、善導《ぜんどう》の「加減《かげん》の文」でいえば「称我名号下至十声《しょうがみょうごうげしじっしょう》」である。つまり、「南無《なむ》阿弥陀仏」と口に称えることにある。それは、人間の側からいえば、念仏《ねんぶつ》を称えるという「行《ぎょう》」をいう。善導や法然が「行」を最重要視したのは、宗教は「行」の実践に尽きるからである。「行」がなければ、それはたんに哲学や思弁という観念論に終わるであろう。「行」があってはじめて仏道であり、宗教といえる。

しかしながら、『無量寿経』の第十八願には、「至心《ししん》・信楽《しんぎょう》・欲生我国《よくしょうがこく》」という文字がある。これは、それまでの仏教学では「安心《あんじん》」とよばれて、「行」を導くための心構えをいう。この場合も、「真実《しんじつ》の心持で（「至心」）、深く阿弥陀仏を信じて（「信楽」）、西方浄土《さいほうじょうど》に生《しょう》ぜんと志向して（「欲生我国」）」（眞野正順『無量寿経講話』）という心を起こして、念仏せよ、ということである。「行」だけの実践では、どのような目的地を目指すのかが曖昧になるが、「安心」（心構え）が定まっておれば、「行」の目的もはっきりする。そういう意味では、仏教では、「行」は「安心」（心構え）とワンセットになるのが普通である。

しかし、善導も法然も、第十八願の理解においては、「行」だけを強調した。どうしてか。

一言でいえば、新しい仏教を宣言するには、今までの「行」にかわる新しい「行」の提示こそがもっとも分かりやすいからである。法然のように、従来の仏教を全否定して「浄土宗《じょうどしゅう》」という新しい仏教を確立する上では、新しい「行」、つまり本願《ほんがん》念仏を鮮明に打ち出すことがなにより有効な方法なのであった。だから、「安心」よりも、「行」が選ばれたといえる。

しかし、『無量寿経』の第十八願には、あきらかに「至心・信楽・欲生我国」という、念仏をする上での心構えが決められている。それを無視することは、念仏という新しい「行」の目標を曖昧にすることにはならないのか。

そこで法然が講じた解釈は、本願に基づく念仏という「行」を実践する以上、その実践のなかに「至心・信楽・欲生我国」という心構えも自然に与えられている、というものである。もっといえば、「至心・信楽・欲生我国」という心構えは、人間には実践が不可能な心なのであり、それ故に法蔵《ほうぞう》菩薩の方で用意してくれている。したがって、我々としては本願を信じて「一向《いっこう》に」念仏だけを実践すればよい、と。

たとえば、法然はつぎのようにのべている。

衆生称念必得往生《しゅじょうしょうねんひっとくおうじょう》と知るに、すなわち自然《じねん》に三心《さんじん》を具足《ぐそく》する也《なり》。この理《ことわり》を顕《あらわ》さんがために、かくのごとく略《りゃく》して釈《しゃく》せざるなり（原漢文。『昭和新修法然上人全集』、四四二頁。六七一頁にもあり）。

あるいは、つぎのようにものべている。

阿弥陀仏の法蔵菩薩の昔、五劫《ごこう》の間、夜昼こころをくだきて案じたてて、成就《じょうじゅ》せさせ給《たま》いたる本願の三心なれば、あたあたしく〔いい加減に〕云《い》うべき事にあらず。いかに無智ならんものの、これを具《ぐ》し、三心の名を知らぬものまでも、かならずそらに具せんずる様をつくらせ給いたる三心なれば、阿弥陀仏をたのみたてまつりて、少しのうたがう心なくしてこの名号をとなうれば、阿弥陀仏かならず我をむかえて、極楽にゆかせ給うと聞きて、これをふかく信じて、少しもうたがう心なく、迎えさせたまえと思いて念仏すれば、この心がすなわち三心具足の心にてあれば、ただひらに信じてだにも念仏すれば、すずろに〔本人の意志とは関わりなく〕三心はあるなり（「七箇条《しちかじょう》の起請文《きしょうもん》」同右）。

また、つぎのような文もある。

詮《せん》じては、ただまことの心のありて、深く仏の誓いをたのみて、往生を願《ねが》わんずるに候《そうろう》ぞかし。されば、浅く深くの変わり目こそ候えども、それも往生を求むるほどの人は、さほどの心なきことやはあるべき（「ご消息《しょうそく》」同右）。

また、つぎのようにものべられている。

ふかく本願をたのみて、一向に名号を唱べし、名号をとなうれば、三心おのずから具足するなり（「つねに仰られける御詞」同右）。

つまり、法然がいう「一向に」とは、「至心・信楽・欲生我国」の精神を簡潔に言い換えた言葉といえよう。法然からすれば、「一向に」念仏するほどの人間には、すでにそこに「至心」以下の心構えもふくまれている、ということになる。

この点、親鸞のひ孫、存覚《ぞんかく》（覚如《かくにょ》の子）もつぎのように解釈している。参考のために紹介しておこう。

「問う、第十八の願、「至心」等の三信《さんしん》*をもって、要となす。なんぞ「至心信楽」の句を除いて、今「称我名号」の句を加うるや。この句、願文にこれなし、いかん。答う。これ

「至心」等の三信」：「至心・信楽・欲生我国」のこと。

に深意あり、今いうところの「称我名号」は、すなわち本経の「至心信楽欲生」の意を示す。しかるゆえんは、「至心等」とは、仏の名号を称して往生の益を得る。これ仏の本願なり。かくのごとく信知《しんち》する、これを「信楽欲生」と名づく。故にこの心を発《ほっ》す、即ちこれ「称我名号」の義なり」(『六要抄』『真宗聖教全書』二)、と。

まことの信心

この心構えの問題を、親鸞はあらためて本願の文章に即して論じる。その際、親鸞は念仏の根拠を第十八願ではなく、第十七願に求めた。第十七願は、つぎのとおり。

設我得仏《せつがとくぶつ》、十方世界《じっぽうせかい》　無量諸仏《むりょうしょぶつ》、不悉咨嗟《ふしつししゃ》　称我名者《しょうがみょうしゃ》、不取正覚《ふしゅしょうがく》。

【読み下し文】

もし私が仏になったとき、十方世界の諸仏に、ことごとく私の名が称賛されるようにしたい。そうでなければ、私は仏になりません(拙著『無量寿経』ちくま学芸文庫、一七八頁)。

つまり、私たちが称える念仏は、諸仏が阿弥陀仏を褒め称えている言葉を聞いて、それを真似ている、ということになる。

ところで、なぜ親鸞は、念仏の根拠を第十八願から第十七願に変更したのか。それは、念仏が諸仏に称讃される言葉であり、阿弥陀仏が工夫した言葉であって、人間が自由に解釈を加えることができるような性質のものではないことを示すためではなかったろうか。この点、真宗大谷派の学僧・曾我量深《そがりょうじん》は第十八願の願文だけを見ると、念仏の所有者が誰であるかが判然としないが、第十七願を見れば、念仏は阿弥陀仏の工夫になる方法であり、諸仏がそれを称讃していることが明らかだ。つまり、「念仏はどこまでも法《ほう》に住《じゅう》する。念仏は機《き》〔人のこと、阿満注〕につくのでなく、どこまでも如来《にょらい》のお手元にある」(『曾我量深選集』第八巻、三〇頁)、ということになる。

要するに、「南無阿弥陀仏」に対しては、人はもっぱら「一向《いっこう》に」称する以外に向き合う方法がない、ということである。念仏は、人間からすれば「不可思議」というしかない方法であり、人はそのままに称するだけであることを明確にするためであろう。だからこそ、親鸞は念仏を「大行《だいぎょう》」だとのべている。「大」は、阿弥陀仏のはたらきであることを示している。

しかし、それだけであろうか。第十八願に記されている「至心信楽欲生我国《ししんしんぎょうよくしょうがこく》」とはなになのか、それは法然の教えたとおり、「一向に」称名するほどのものには、自然に具わる心だ、という解釈で満足できるのか。親鸞は念仏の根拠を第十七願に移した上で、あらためて第十八願の意味を問うことになる。

つまり、それが『顕浄土真実教行証文類《けんじょうどしんじつきょうぎょうしょうもんるい》』（『教行信証《きょうぎょうしんしょう》』の正式名）と命名された書に、「信《しん》」巻《かん》があらたに設けられねばならなかった最大の理由であろう。

では、親鸞によれば、第十八願の意義はどこにあるのか。それはのちに詳しく見るが、あらかじめいっておけば、つぎのようになろう。

第十八願は、阿弥陀仏が念仏の行者に対して「至心・信楽・欲生我国」の三心《さんじん》（三信《さんしん》ともいう）が継続して与えられることを約束する願にほかならない。ここでは「乃至十念《ないしじゅうねん》」は、念仏のことではなく、「三心」が最低でも十回は継続するという、継続の意味で使われていることになる。

サンスクリット版の『無量寿経』によれば、右の「三心」のうちの「信楽」に相当する言葉は「チッタ・プラサーダ」で、「澄浄心《ちょうじょうしん》」と訳されるという。つまり、念仏という「大《だい》行《ぎょう》」を実践していると、いつのまにか「澄浄心」という阿弥陀仏の心が行者の無意識に入り込み、また「阿弥陀仏の国に生まれたいという願い」（「欲生我国」）が行者に満ちてくる、というのである。『教行信証』の言葉でいえば、「南無阿弥陀仏」と称えると、阿弥陀仏の心が全身に満ちてくるということであろう（元照律師《がんじょうりつし》の言葉、のちに再説する）。親鸞は、その心を「金剛《こんごう》の真心《しんしん》」とか「大信心《だいしんじん》」とよぶ。それは、阿弥陀仏の心にほかならない。

要は、法然が第十八願だけで、念仏という「大行」と「大信心」（念仏するものに伝わる阿弥陀仏の心）を説いたのに対して、親鸞は「大行」の根拠として第十七願をあげ、第十八願を「大信心」の根拠とする、いわば二《に》願主義《がんしゅぎ》を採用したということになる。

そのことによって、行者は念仏を「不可思議」として無条件に実践し、自ら問うことは「大信心」を信じるかどうか、という一点だけになった、といえる。そして、ひとたび「大信心」を信じることができれば、あとは、ただひたすら（「一向に」）阿弥陀仏の工夫になる「南無阿弥陀仏」を称えればよいのである。それが、念仏の仏道にほかならない。

さらになによりも明確になったことは、本願に対する当初の信心が、念仏という「大行」を実践するなかで、揺るぎのないものに変わってゆくということである。つまり、人が起こす信心が、称名の実践によって、阿弥陀仏の心（「大信心」）が行者の無意識に流入することになり、いつしか揺るぎのないものとなるのである。

人の「信心」が「大信心」に変わってゆくのである。そのことを、親鸞は「信心まことならば」（『親鸞からの手紙』第二八通など）という。

「信心がまことになる」ということは、はじめは私が起こした本願への信心が、称名の実践により、念仏が阿弥陀仏のはたらきであることを認めることができるようになる、ということであろう。そうなれば、私が起こした「信心」は、阿弥陀仏の助けをかりて、強固な「信心」（まことの心）に変化してゆくのである。

法然が念仏をするに際して、「一向に」とか「ただ」と教えたことは、親鸞の分析を通じると、一段と本願念仏の本質を簡明に伝えるものであったことがよく分かる（なお「唯除五逆誹謗正法」については一四五頁以降をご覧いただきたい）。

第三章　「教」巻

『顕浄土真実教行証文類』

法然は人々に、もっぱら「南無《なむ》阿弥陀仏」と称えよ、と教えた。しかし、「南無阿弥陀仏」そのものは、法然以前の時代から死者の鎮魂慰霊の呪文として一般に広く受け入れられていた。それゆえに法然は、あらたに樹立した念仏の教えを「本願《ほんがん》」に裏付けられた「南無阿弥陀仏」、つまり「本願念仏」だと強調してきた。

だが、法然が亡くなり、直弟子たちも亡くなってくると、「本願」に裏付けられた念仏の理解がうすれて、死者のための呪文としての念仏や、法然が「聖道門《しょうどうもん》」として批判した「自力《じりき》」の立場からする念仏解釈が力をもってくるようになる。

このような「本願念仏」の変質の危険性を、身をもって経験してきた親鸞は、あらためて「本願」に裏付けられた念仏がどのようなものであるか、また「本願念仏」こそが仏教の正統であることを論証して、師の法然の教えを正しく伝えようと努めることになる。『教行信証』は、その成果にほかならない。

もっとも、『教行信証』という呼称は、後の時代に付されたもので、正しくは『顕浄土真《けんじょうどしん》実教行証文類《じちきょうぎょうしょうもんるい》』という。そこには、「信」の文字がない。しかし、実際は、「別序《べつじょ》」を付して「信《しん》」巻《かん》が叙述されており、しかもそれがこの書の中心となっている。このような叙述の順序になった理由は、おそらく「行《ぎょう》」巻《かん》は「信」巻をふくんで「行」巻を構成している、と考えられているからではないだろうか。

では、親鸞がなぜ「行」巻の延長に「信」巻をあらわしたのか、その理由は、親鸞が法然の『選択本願念仏集《せんちゃくほんがんねんぶつしゅう》』の第三章の内容を一層鮮明ならしめようとしたことが大きいといわれている（石田充之《みつゆき》『浄土教思想入門』）。つまり、法然は「教」（浄土三部経）と「行」（第十八願の念仏）、「証」（浄土往生）という伝統的な叙述によって『選択本願念仏集』を著わしているが、親鸞はその「行」が必然的にもたらす阿弥陀仏の心、つまり「信」（まことのこころ）を解明することによって、法然の専修念仏（「行」）の意義を一層鮮明にしようと試みたといえるのである。

なお、『教行信証』が、現代の文献のように、著者の言葉によって綴られるのではなく、既存の経典、「論《ろん》」、「釈《しゃく》」類からの引用を中心に構成されている点について、石田充之はつぎのように説明している。

顕浄土真実教行証文類序
真実の教を顕わす　一
　大無量寿経　真実の教 浄土真宗
真実の行を顕わす　二
　諸仏称名の願　浄土真実の行 選択本願の行
真実の信を顕わす　三
　顕浄土真実信文類序
　至心信楽の願　正定聚の機
真実の証を顕わす　四
　必至滅度の願
　難思議往生
真仏土を顕わす　五
　光明無量の願
　寿命無量の願
化身土を顕わす　六
　無量寿仏観経の意
　至心発願の願　邪定聚の機 双樹林下往生
　阿弥陀経の意なり
　至心回向の願　不定聚の機 難思往生

【『顕浄土真実教行証文類（教行信証）』の目次】

法然滅後、法然の教えに深く共鳴した真言宗の学僧・静遍《じょうへん》が、法然の教えを密教《みっきょう》から見て組織的に解釈する『秘宗文義《ひしゅうもんぎ》要《よう》』（一二一五年刊行）を著わすが、その構成は「果《か》」・「理《り》」・「教《きょう》」・「行《ぎょう》」・「心《しん》」からなり、それぞれは「文類聚《もんるいじゅう》の形式」（引用文形式）になっていたという。また、同時代の中国（宋代）でも、そうした形式の書が著わされてきており、こうした内外の新傾向が、親鸞の『教行信証』の先駆になっていたのではないか、とのべている（同書、一六〇頁）。

また、『教行信証』ではそれぞれの「巻《かん》」の冒頭に、「標《ひょう》挙《こ》」とよばれる一文が付されている。「教」巻では「大無量《だいむりょう》寿経《じゅきょう》」と記されており、その下に「真実《しんじち》の教《きょう》」と「浄土真《じょうどしん》宗《しゅう》」の文字が二行に割注《わりちゅう》となっている。「標挙」は、後の研究者がつけた名称だが、それぞれの「巻」の中心となる根拠を示す。「行」巻では、「諸仏称《しょぶつしょう》名《みょう》の願《がん》」となっており、その下に「浄土真実《じょうどしんじち》の行《ぎょう》」と「選択本願《せんぢゃくほんがん》の行《ぎょう》」が割注として記されている。以下、各巻には、四十八願《しじゅうはちがん》中の願から「標挙」が選ばれて示されている。それぞれの「巻」の主張の根拠が、四十八願のいずれにあるかを明らかにしているのである。

また経典類などの引用にも厳格な順序が設けられており、浄土宗において基本となる「三《さん》部経《ぶきょう》」が第一に、つぎにその異訳の経典（「経《きょう》」）、そしてつぎに、竜樹《りゅうじゅ》や世親《せしん》（天親《てんじん》）、曇鸞《どんらん》、道綽《どうしゃく》、善導《ぜんどう》といった「論師《ろんし》」の論文類（「論《ろん》」）、つぎに、そうした論文類を解釈する諸師の文章（「釈《しゃく》」）という順序になっている。

そして、そうした引用文献の間に、親鸞自身の言葉が挿入されている。ただし、引用といっても、原文に忠実な引用ではなく、自分の主張に合致するように、削除や文の入れ替えなどが行われている場合がある。また、漢文の読み方についても、「他力《たりき》」という視点を貫徹するために、訓《よ》み方をすっかり改めている場合も少なくない。その改め方が激しくて、近年の高名な学者は、親鸞は漢文の読み方が分かっていない、と非難したほどである。

たしかに、『教行信証』はほとんどが引用文献から構成されているが、全体として親鸞の文章として理解することが大事だということはいうまでもない。

『無量寿経』

「教《きょう》」巻《かん》は、法然の主張した本願《ほんがん》念仏の根拠が『無量寿経』にあることを示すところにねらいがある。

その冒頭には、すでに紹介した「二種《にしゅ》の回向《えこう》」がのべられており、まず「往相《おうそう》」について、その「教《きょう》・行《ぎょう》・信《しん》・証《しょう》」を記すとある。私たちがどのような「教」(教え)と「行」(実践)によって、どのような心を得て(「信」)、その結果、どのような世界を開くことができるのか(「証」)という、本願念仏によって浄土に生まれる経緯が記されている。

その教えの根本は、『無量寿経』にあり、『無量寿経』の要は「本願」にある。そして、阿弥陀仏の名号(「南無阿弥陀仏」)が具体的なはたらきのもとになると、はじめに記す。

それ真実《しんじち》の教《きょう》を顕《あら》わさば、則《すなわ》ち大無量寿経《だいむりょうじゅきょう》これなり。この経《きょう》の大意《たいい》は、弥陀《みだ》誓《ちかい》を超発《ちょうほち》して、広く法蔵《ほうぞう》を開きて、凡小《ぼんしょう》を哀《あわれ》みて選《えら》びて功徳《くどく》の宝《ほう》を施《せ》することを致《いた》す。釈迦《しゃか》世《よ》に出興《しゅっこう》して、道教《どうきょう》を光闡《こうせん》して、群萌《ぐんもう》を拯《すく》い恵《めぐ》むに真実《しんじち》の利《り》を以《もつ》てせんと欲《おぼ》すなり。ここを以て、如来《にょらい》の本願《ほんがん》を説《と》きて経《きょう》の宗致《しゅうち》とす、即《すなわ》ち仏《ぶつ》の名号《みょうごう》を以《もつ》て経の体《たい》とするなり(岩波本、一五頁)。

「それ真実の教を顕わさば、則ち大無量寿経これなり」とは、仏教には多数の経典があるが、どれが真実を伝えている経典であるかを明らかにするならば、『大無量寿経』だ、というのである。『大無量寿経』は『無量寿経』のこと。親鸞は『大無量寿経』という呼称を愛用するが、この本では『無量寿経』と表記する。

中国では、インドから伝来した経典類が、その成立時期とは無関係に、何度かに分けて漢訳された関係で、経典自体の内容的な発展段階や相互関係が不明であった。そのために、中国の学者や高僧たちは、どの経典が根本経典であるかをそれぞれに検証した上で、自らが根本であり真実とする経典をもとにして「宗派」を形成することになる。たとえば、智顗《ちぎ》は『法華経《ほけきょう》』を根本経典として「天台宗《てんだいしゅう》」を開いた。

同じように、日本で「浄土宗《じょうどしゅう》」を開いた法然は、『無量寿経』と『観無量寿経《かんむりょうじゅきょう》』、それに『阿弥陀経《あみだきょう》』の三部の経典(「三部経《さんぶきょう》」という)を根本の経典と決めた。なかでも『無量寿経』がその根本にある、とのべている(「無量寿経釈」『昭和新修法然上人全集』、六七頁)。親鸞は、法然の「浄土宗」を確実にするために、さらにそのなかから『無量寿経』を根本の真実を伝える経典だと主張したのである。それがこの短い言葉なのである。

つぎに、「この経の大意は、弥陀誓を超発して」とあるが、「弥陀」とは阿弥陀仏のこと。「誓を超発して」とは、阿弥陀仏がその昔、法蔵菩薩であった時に、一切衆生《いっさいしゅじょう》を仏たらしめるために四十八にのぼる誓いを立てて、その実現のために努力をしたことをいう。その四十八の誓いは、『無量寿経』上巻に詳細にのべられている。

ついで、「広く法蔵を開きて、凡小を哀みて選びて功徳の宝を施することを致す」とあるが、「法蔵」は教えを収める蔵であり、「凡小」は普通の暮らしをしている人間、その人間のために諸経のなかから特別の教えを選んで、「功徳の宝」を施した、と。「功徳の宝」は阿弥陀仏の名号のことを指すといわれている。

「釈迦世に出興して、道教を光闡して、群萌を拯い恵むに真実の利を以てせんと欲すなり」とあるなかの「道教」は仏教のこと、中国の三大宗教の一つといわれる老子《ろうし》を教祖とする「道教」のことではない。「光闡」の「光」は、「磨きをかけて浮き立たせること」(『漢字源』)、「闡」は「明らかにすること」。釈迦がこの世に出現したのは、仏教を明らかにしてすべての人々を救うために「真実の利」を説くためだ、とのべている。「真実の利」とは、阿弥陀仏の本願にもとづく念仏のこと。

「ここを以て、如来の本願を説きて経の宗致とす」とある「宗致」の「宗」は「中心」、「致」は「する」、したがって「中心とする」ということ。「名号を以て経の体とする」の「体」は、漢文では大事な言葉で、「働きのもととなる実体」のこと。「体」は「用」と対になって用いられることが多いが、「体用」は「物事の本体とその作用、実体と応用」といわれる。

つまり、『無量寿経』の中心は「本願」を説くことにあり、「本願」のはたらきは「名号」にある、ということ。

耀く釈尊

では、なぜ『無量寿経《むりょうじゅきょう》』が多数にのぼる仏典のなかで、「真実の教」を説く経典だといえるのか。その証拠を示すのが、つぎの文である。

何を以《もっ》てか出世《しゅっせ》の大事《だいじ》なりと知ることを得《う》るとならば、大無量寿経《だいむりょうじゅきょう》に言《のたま》わく、「今日世尊《こんにちせそん》、諸根悦予《しょこんえちよ》し、姿色清浄《ししきしょうじょう》にして、光顔巍巍《こうげんぎぎ》とましますこと、明《あきら》かなる鏡《かがみ》、浄《きよ》き影表裏《かげひょうり》に暢《とお》るがごとし。威容顕曜《いようけんよう》にして、超絶《ちょうぜち》したまえること無量《むりょう》なり。いまだかつて瞻覩《せんと》せず、殊妙《しゅみょう》なること今《きょう》のごとくましますをば。(以下略)」
(岩波本、一五頁)。

『法華経《ほけきょう》』をもって経典中の経典の王とする「天台宗《てんだいしゅう》」では、その理由を『法華経』に述べられている、釈尊《しゃくそん》がはじめて真実を説く、という趣旨の言葉に見出しているが、親鸞は、右に引用した『無量寿経』の一節をその根拠とする。それは、経典のなかで聞き役をする阿難《あなん》が、ある日の釈尊の表情が普段と異なり、特別の輝きを示していることに気づいて、今日は特別の説法をするのか、と質《ただ》す場面である。

「今日世尊、諸根悦予し」の「世尊」は釈尊のこと。「諸根」は感覚器官のことで、身体全体をいう。「悦予」の「悦」は喜ぶこと、「予」は楽しむこと。「姿色清浄にして、光顔巍巍とましますこと、明かなる鏡、浄き影表裏に暢るがごとし」。「姿色」はすがた、かたちのこと。「光顔」の「光」は輝くこと。「巍巍」は山の高い様。「明かなる鏡、浄き影表裏に暢るがごとし」とは、磨かれた鏡は対象の裏も表も透き通すようだ、ということ。

「威容顕曜にして、超絶したまえること無量なり。いまだかつて瞻観せず、殊妙なること今のごとくましますをば」。「威容」は、すがたや威光。「顕曜」の「曜」は輝くこと、「いまだかつて瞻観せず」の「瞻観」の「瞻」は見ること、「観」は視線を集めてみること。

　ここまでの訳をあげておこう。

「今日、世尊の御身には喜びの気色が充ちあふれ、御姿は清く麗しく、御顔が喜びの色に輝いて、気高いことは、さながらよく磨かれた鏡が光り耀いて、ものの裏も表も透きとおすようであります。仏の御威光や御姿がこの上もなく輝いていることは、私は二十五ヶ年の間、仏に従っていましたが、未だかつて今日のような、すぐれて妙なる御姿を拝したことはありません」（坪井俊映『浄土三部経概説』、一四九頁）。

　さらに、親鸞は続けて引用する。原文は省略して、大略だけを紹介する。「阿難は、自らつぎのように納得する。本日の釈尊は、「住奇特法」（奇特《きどく》の法《ほう》に住《じゅう》したまえり）、つまり菩薩の境涯を超えた「悟り」の境地に住し、「住仏所住」（仏《ぶつ》の所住《しょじゅう》に住したまえり）、つまり諸仏が安住する「悟り」の世界に住まい、「住導師行」(導師《どうし》の行《ぎょう》に住したまえり)、つまり人々を「悟り」へ導くための行を実践し、「住最勝道」(最勝《さいしょう》の道《どう》に住したまえり)、つまりもっともすぐれた「悟り」の道に安住し、「行如来徳」(如来《にょらい》の徳《とく》を行じたまえり)、つまり諸仏のもつ五徳《ごとく》を具えていらっしゃる。それも、諸仏は自由自在に人々を済度《さいど》するために仏同士で念じあうと聞くが、今日の世尊も同じく、人々を済度するために諸仏を念じておられるのであろうか。どんな理由で、世尊は本日、特別の表情をなさっているのですか」、と。

そこで、釈尊は阿難に問われた。「阿難よ、梵天《ぼんてん》や帝釈天《たいしゃくてん》が来て、お前をして問わしめているのか、あるいは自分で考えて問いを出したのか」、と。そこで阿難は「梵天や帝釈天にいわれて質問しているのではありません。私が今日の釈尊のお姿を拝して、あまりの不思議さから質問したのです」、と答えた。

すると釈尊は、「善《よ》いかな阿難、汝《なんじ》の問いは甚《はなは》だ愉快に感ずる。真実にして巧みな言説を以て、人々を哀れに思い、仏の五徳を問うたのであろう。如来は慈悲心を以て迷界に苦しむ人々を救うために、娑婆《しゃば》世界に出現して仏道を説き、真実の利益を与えて済度しようとする。このような仏に遇うことは無量億劫《むりょうおくこう》を経ても遇いがたいものだ。それは、三千年に一度咲くというウドンゲの花に遇うようなものである。今、汝が私に問うことは、人々をおおいに利益するであろう。如来の「悟り」の智慧はきわめて深く、容易にはかり知ることはできない。人々を済度する慈悲心もまた無限である。この智慧を妨げるものはなく、邪魔をすることもできないのだ」、と。

阿難

さらに親鸞は『無量寿経』の異訳である『無量寿如来会《にょらいえ》』と『平等覚経《びょうどうがくきょう》』から、同じ箇所を引用する。親鸞が異訳を引用する意図は、『無量寿経』の文では明確でないことや、親鸞自身がいいたいことが明瞭にのべられていない場合などであるが、ここではどうであろうか。

その一つは、親鸞は『無量寿経』では「如来」とあるところを、「諸仏如来」の意味と解釈している。その根拠として引用されているのが、『無量寿如来会』のつぎの文である。

「なんじ一切如来《にょらい》、応《おう》、正等覚《しょうとうがく》および大悲《だいひ》に安住《あんじゅう》して群生《ぐんじょう》を利益《りやく》せんがために、優曇華《うどんげ》の希有《けう》なるがごとくして大士世間《だいじせけん》に出現《しゅつげん》したまえり」（岩波本、一六頁）。

この文では「如来」ではなく「一切如来」となっている上に、「応、正等覚」とあり、「応」は「応供」の略で、人々の供養に応ずる資格のあるもの、つまり「仏」のこと。また「正等覚」も、平等の道理を悟るという意味でこれも「仏」を意味する。つまり、「一切如来応正等覚」は「諸仏」をいうことがはっきりしている。さきにもふれたが、親鸞にとって、阿弥陀仏はもちろんだが、諸仏が互いに阿弥陀仏の名を褒め称えているという、第十七願が念頭にあるのであろう。そしてさらにいえば、諸仏のもとが阿弥陀仏だという認識もあるのであろう。のちに、親鸞の仏陀《ぶつだ》観として紹介したい。

「如来」が「諸仏」を意味する点について、親鸞は別の文でつぎのように説明している。「しかれば『大経《だいきよう》』には、「如来所以、興出於世、欲拯群萌、恵以真実之利」とのたまえり。この文のこゝろは、「如来」ともうすは諸仏をもうすなり……「真実之利」ともうすは、弥陀の誓願をもうすなり」(「一念多念文意」)。このように、異訳を参照することで、『無量寿経』の「如来」の意味をはっきりさせようとしたのであろう。

また、『無量寿如来会』では、仏に遇うことがきわめて珍しいことだという強調にとどまらず、本願の教え自体に遇うことも、もっと遇い難いことだという主張が読みとれる。それは、「一切如来、応、正等覚」につづく、「および」以下の文である。

この文章をめぐる解釈は、学者によってさまざまだが、星野元豊が紹介しているように、江戸時代後期の真宗の学僧・深励《じんれい》の解釈が妥当なのであろう。詳細は省くが、その要旨は、諸仏如来がこの世に出現することが滅多にないことであるのと同じように、阿弥陀仏の本願に出遇うこともまたきわめて難しい、ということである。

いずれにしても、釈尊《しやくそん》がこの世に出現した最大の理由は、この〈阿弥陀仏の物語〉を説くことにあったのだ、ということを『無量寿経』と、その異訳である『無量寿如来会』を引用して力説している、と考えられる。

では、『平等覚経』を引用した親鸞の意図は、どこにあるのか。私の見るところ、それは、釈尊の特別の表情に気づき、釈尊をして特別の教えを説くきっかけをつくった阿難に対する高い評価にあるのではないか。該当の箇所を引用する。

もし大徳《だいとく》ありて、聡明善心《そうみようぜんしん》にして、仏意《ぶつい》を知るに縁《よ》りて、もし妄れず※は仏辺《ぶつへん》にありて仏に侍《つか》えたまうなり。もし今問えるところ、普《あまね》く聴《き》き、あきらかに聴け、と（岩波本、一七頁）。

断っておくが右の文中の「もし妄れずは」は、岩波本も版によっては「もし忘れずは」となっている。しかし、親鸞の真筆といわれている坂東本《ばんどうぼん》を見ると、明らかに「妄」である（東本願寺発行影印本、「教・行」文類、一〇頁）。なぜ、このような齟齬《そご》が生まれたのか。それは、『平等覚経』の原文自体は「若不忘」（『真宗聖教全書』一、七四頁）となっているから、親鸞の写し間違いではないか、といわれている。しかし、親鸞自身の文では明らかに「妄」となっている以上、私は「妄」として読んでみたい。このことについては、学者の議論も多い。

ではどのように読むのか。「妄」は、「でたらめ」とか「いい加減」という意味であるから、「不妄」とは「真っ当である」とか、「真実である」ということになる。そうなると、文意はおよそつぎのようになる。「もし立派な僧侶がいて、聡明で善人であり、仏の意図を正確に知り、また、真実であろうとするのなら、仏に仕えるにふさわしい」と。そして、このような高い評価を得ているのが、ほかでもない阿難にほかならない。

『無量寿経』でも『無量寿如来会』においても、阿難は高く評価されているが、『平等覚経』の描写の方が、具体的で身近に感ぜられるのではないか。そこに、この一文を加えた親鸞の意図があるように、私には思われる。

そもそも、『無量寿経』において阿難が聞き手であることの意義は深い。なぜならば、阿難は、現実の仏教教団においても、釈尊在世中には悟ることができなかった人物として有名であった。その阿難が『無量寿経』では、釈尊から阿弥陀仏の物語を聞き出すきっかけをつくったのである。阿難の問いかけがなければ、「阿弥陀仏の物語」は生まれていなかったといってもよい。現実の教団では落ちこぼれであった阿難を、問者と仕立て上げたところに『無量寿経』の作者の意図が示されているといっても過言ではない。阿難は、私たち凡夫《ぼんぶ》の代表なのである。

だからこそ、「教《きょう》」巻《かん》では、新羅《しらぎ》の人である憬興《きょうごう》（六八一年ころの人）の『無量寿経連義述《れんぎじゅつ》文賛《もんさん》』からの一文を引用して終わるのであろう。それは、『無量寿経』の説く〈阿弥陀仏の物語〉こそが、釈尊がこの世に現れた本意を示す経典であり、末法《まっぽう》の時代とその時代に生きる人間にもっとも適った教えであるという趣旨をのべている。そして、親鸞は「教」巻をつぎの一文で結ぶ。

しかれば則ちこの顕真実教《けんしんじちきょう》の明証《みょうしょう》なり。誠にこれ如来興世《にょらいこうせ》の正説《しょうせち》、奇特最勝《きどくさいしょう》の妙典《みょうでん》、一《いち》乗究竟《じょうくきょう》の極説《ごくせち》、速疾円融《そくしちえんゆう》の金言《きんげん》、十方称讃《じっぽうしょうさん》の誠言《じょうごん》、時機純熟《じきじゅんじゅく》の真教《しんきょう》なり。知るべしと（岩波本、一七頁）。

【大意】

『無量寿経』とその異訳の文こそは、真実の教えを顕わす明らかなる証拠といえよう。『無量寿経』は、まことに如来がこの世にあらわれた本意を示す正しい教であり、とくに珍しいもっともすぐれた経典であり、すべての人々を悟りに導く究極の教えであり、称名によって〈まことの心〉を得るやたちまち往生すべき身となり、浄土に生まれてただちに悟りを得るという完璧な言葉であり、十方の諸仏がほめたたえるまことの言葉であり、末世という時代とそのなかを生きる愚かな者たちにかなったまことの教えなのである。よくよくそのことを知るがよい。

第四章　「行」巻

「無碍光如来の名を称する」

親鸞は、「南無《なむ》阿弥陀仏」と称える意味を明らかにするために、まず「行」巻《ぎょうかん》のはじめにおいて、「浄土宗」（宗派の意味ではない）における「行」は、「無碍《むげ》光《こう》如来の名《みな》を称する」ことにあると、あらためて定義する。

大行《だいぎょう》とは則ち無碍光如来の名《みな》を称するなり（岩波本、二一頁）。

「名」には「ミナ」とルビがふられている。そして、その「名」はもちろん「南無阿弥陀仏」なのだが、それは、「無碍光如来」から与えられたという意味で「大行」とよばれる。ちなみに、親鸞の用語では、「大」の修飾語がつく言葉は、ほとんどが阿弥陀仏のはたらきを意味する。

「無碍光如来」とは、阿弥陀仏の別名である。阿弥陀仏の「阿弥陀」は原語の音を漢字であらわしたもので、意味は「無量寿《むりようじゆ》」と「無量光《むりようこう》」となる。しかもその光は、「智慧《ちえ》」を意味する。それは、世間的な知恵ではなく、仏教における「悟り」によって得られる究極の「智慧」をいう。

経典は、その「智慧」のメタファーである「光」について、つぎのように説明している。この「光」に出遇ったものは、「三垢《さんく》」（「貪《とん》」・「瞋《しん》」・「痴《ち》」）が消滅し、身体も心も柔軟になり、喜びに満ちて善心が生まれる。もし、地獄などの苦しみの世界にあってこの光を見ると、たちまち安らぎを得て苦しみが止む。そして命が終わるとみな悟りを手にする、と（『無量寿経』、ちくま学芸文庫版、二九六頁）。さらに、経典は、その「光」について十二の別名を列挙しているが、そのなかに「無碍光」がある。

「無碍光」の「無碍」とは、一切に妨げられない、ということ。現実の光は透過できないものがあったり、影ができたりするが、「無碍光」は、万物をそのままに照らすことができる、という。親鸞は別の文章で、「無碍光」についてつぎのように説明している。

この弥陀の御ひかりはものにさえられずして、よろずの有情をてらしたまうゆえに、无《む》碍《げ》光仏ともうすなり。有情の煩悩悪業のこゝろにさえられずましますによりて、无碍光仏ともうすなり。无碍光の徳ましまさざらましかばいかゞし候わまし（『定本親鸞聖人全集』ワイド版第三巻、二二六頁）。

その「無碍光仏」の「名」、つまり「南無阿弥陀仏」を口に称えることが、「浄土宗」のもっとも肝要で唯一の「行」なのだが、親鸞は、その際、中国の浄土教思想家・曇鸞《どんらん》の教説を援用して、およそつぎのようにのべている。

阿弥陀仏の光明は智慧のシンボルであり、すべての愚かさを破るはたらきをする。その光明が世界と私を貫いていることを想像して念仏して見よ、と。とくに、その光明が称名《しようみよう》によって私に深く結びつくことを意識せよ、と励ましている。

ここには、「浄土宗」の「行」が「南無阿弥陀仏」であるにもかかわらず、あえて「無碍光如来の名を称す」と言い換えた意図がはっきりとうかがえよう。「南無阿弥陀仏」だけでは、それが「智慧」のはたらきをもっていることが分かりにくい。親鸞が強調するのは、「南無阿弥陀仏」と口に称える行為は、阿弥陀仏の智慧のはたらきと不可分だということを明らかにすることにあるといえる。

ちなみに、親鸞は「南無阿弥陀仏」の代わりに、「帰命無量寿如来《きみようむりようじゆによらい》」や「帰命盡十方無碍光如来《きみようじんじつぽうむげこうによらい》」という呼称をしばしば用いている。しかし、経典には「南無阿弥陀仏」としか出てこない。しかもそれは、『観無量寿経』の「下品上生《げぼんじようしよう》」と「下品下生《げぼんげしよう》」の箇所に登場するだけである。だが、経典の言葉は絶対である。法然はもとより、法然が私淑した中国の浄土教思想家・善導《ぜんどう》もまた、阿弥陀仏の名は「南無阿弥陀仏」であり、「南無阿弥陀仏」と称えることが「行」なのだと言っている。親鸞もその伝統にあるが、「南無阿弥陀仏」の意味やはたらきを明確にするために、曇鸞の助けを借りて、「無碍光如来（仏）」の「名」を称することが「浄土宗」の「行」だと、念仏の定義をしなおしたのである。

名を称讃する

二つ目に親鸞が強調するのは、すでにふれたが、「南無《なむ》阿弥陀仏」と口に称えることが阿弥陀仏の四十八ある願のなかでも「第十七願」に直接の根拠をもつ、という点である。

法然は、「南無阿弥陀仏」と称える根拠を「第十八願」に求めたことはよく知られている。つまり、第十八願の願文にある「乃至十念《ないしじゅうねん》」の「念」が「南無阿弥陀仏」を意味する、という解釈に立っている。しかし、親鸞はあえて「第十七願」に念仏の根拠を求める。なぜか。くり返せば、「南無阿弥陀仏」が阿弥陀仏（＝無碍光如来《むげこう》）によって発せられた言葉であり、人間がつくった言葉ではない、ということをはっきりさせるためであろう。つまり、「南無阿弥陀仏」は人が自由に意味を与えることができる言葉ではない、ということである。人は、本願を信じる以上は、ただ「南無阿弥陀仏」と称えるだけでよいのである。

二つの願をもう一度ならべてみる。

第十八願　設我得仏《せつがとくぶつ》、十方衆生《じっぽうしゅじょう》、至心信楽《ししんしんぎょう》、欲生我国《よくしょうがこく》、乃至十念《ないしじゅうねん》。若不生者《にゃくふしょうしゃ》、不取正覚《ふしゅしょうがく》。唯除五逆誹謗正法《ゆいじょごぎゃくひぼうしょうぼう》。

第十七願　設我得仏《せつがとくぶつ》、十方世界《じっぽうせかい》　無量諸仏《むりょうしょぶつ》、不悉咨嗟《ふしつししゃ》　称我名者《しょうがみょうしゃ》、不取正覚《ふしゅしょうがく》。

では「第十七願」とは、どのような願か。『無量寿経』の願文を現代語に翻訳すると、つぎのようになる。

もし私が仏になったとき、十方世界の諸仏に、ことごとく私の名が称讃されるようにしたい。そうでなければ、私は仏になりません（『無量寿経』ちくま学芸文庫版、一七八頁）。

法蔵《ほうぞう》は、どうしてこのような奇妙な願を起こしたのか。結論だけをいえば、法蔵の起こした四十八願《しじゅうはちがん》の普遍性を示すため、とりわけ、阿弥陀仏の「名号《みょうごう》」である「南無阿弥陀仏」のもつ普遍性を明らかにするためなのであろう。

ちなみに、「名号」について、親鸞は「名」が法蔵菩薩の時の呼称であり、阿弥陀仏になってからは「号」というと、「名」と「号」の区別にこだわる。理由は定かではないが、

「号」はたとえば「号泣」という熟語に示されているように、大声で叫ぶという行為をさすところから類推すると、「号」には公開性を強調するはたらきがあるということなのであろう。

つまり、法蔵が阿弥陀仏になったときの呼び名には、全世界に流布《るふ》しているという普遍性が一段と強調されているということだろう。また、阿弥陀仏の名を称する時に、「阿弥陀仏」ではなく、「南無」の二字が付けられているのはどうしてなのか、という問題もある。現に、善導《ぜんどう》以前の、中国の浄土教家たちは、阿弥陀仏の名を称えるという際には、「阿弥陀仏」あるいは「阿弥陀」としていることが普通なのである。この点については、のちほど善導の解釈を紹介するところでふれたい。

さて、第十七願において示された願いが実現されたことは、『無量寿経』の下巻に記されていて、親鸞はそれを第十七願の本文に続いて引用している。いわく、

十方恒砂《じっぽうごうじゃ》の諸仏如来《しょぶつにょらい》、皆ともに無量寿仏《むりょうじゅぶつ》の威神功徳不可思議《いじんくどくふかしぎ》なるを讃嘆《さんだん》したまう（岩波本、二一頁）。

意味は、あらゆる世界の仏たちが無量寿仏（阿弥陀仏）の「威徳神力の功徳」、つまりその「名号」のすぐれている様を讃嘆している、ということ。この一文は、第十七願が成就し

たことを示しており、第十七願の「成就文《じょうじゅぶん》」といいならわされている。

しかし、ここで気づくことがあろう。「第十七願」の本文にせよ、その成就文にせよ、主人公は阿弥陀仏や諸仏であって、人ではない。「南無阿弥陀仏」という「名号」を称讃してほしいと願っているのは法蔵菩薩（阿弥陀仏）であり、またその願いが実現して、願の通りに阿弥陀仏の名号を称讃しているのも諸仏なのである。これでは、われわれ人間には無関係の営みに終わるではないか。

だからこそ親鸞は、『無量寿経』の異本『無量寿如来会《にょらいえ》』からつぎの一文を引用する。

〔我が願いを〕**心《こころ》あるいは常行《じょうぎょう》に堪《た》えざらんものに施《せ》せん。広く貧窮《びんぐ》を済《すく》いてもろもろの苦《く》を免《まぬか》れしめ、世間《せけん》を利益《りやく》して安楽《あんらく》ならしめん**（岩波本、二二一頁）。

「常行」は修行のこと。すべての修行に堪えることができない人間とは、私たち凡夫《ぼんぷ》のことである。その凡夫に「名号」を施し、凡夫の心の貧しさを救い、諸々の苦しみから免れしめ、その生きる世界に利益と安楽をもたらしめよう、というのである。

このことをもっと明快にのべているのは、善導からの引文である。その引文では、どうして、伝統的な「観《かん》」（瞑想）を教えずに、「名」を称えるという方法を教えるのか、と問いを立てた上でつぎのように答えている。

いまし衆生《しゅじょう》障《さわ》り重くして、境《きょう》は細《さい》なり、心《しん》は麁《そ》なり〔観察の対象が微細であるにかかわらず、観察する主体の心は麁雑《そざつ》である〕、**識《しき》あがり神《じん》**〔こころのこと〕**飛んで**〔精神は散乱しており、容易に飛散する〕**観成就《かんじょうじゅ》し難《がた》きに由《よ》りてなり。ここを以て大聖悲憐《だいしょうひれん》して、直《ただち》に勧《すす》めて専《もは》ら名字《みょうじ》を称《しょう》せしむ。正《まさ》しく称名易《しょうみょうやす》きに由《よ》るが故に、相続《そうぞく》して即ち生《しょう》ずと**〔岩波本、三七〜三八頁〕。

阿弥陀仏が「名号」になったのは、凡夫の貧窮とその精神の不安定さを救うためだ、という。そうであるのなら、「第十七願」が起こされた理由も、私たち凡夫のためだということがはっきりするといえるではないか。

さらに、『無量寿如来会』からの引用が続く。

〔阿弥陀仏は〕**かの貧窮《びんぐ》において伏蔵《ふくぞう》とならん**〔岩波本、二二頁〕。

「伏蔵」とは、「宝物をつつみかくしてあること」〔山辺習学他『教行信証講義』、一七四頁〕であり、「名号」となった阿弥陀仏が私たちの心の奥深くに入り込んで大切なものとなるであろう、というのだ。別の箇所では、「衆《しゅう》のために宝蔵《ほうぞう》を開きて、広く功徳《くどく》の宝《ほう》を施《せ》せん」

ともある。「伏蔵」あるいは「宝蔵」にせよ、「蔵」とは、私たちの深層にある無意識の世界でもある。「法蔵菩薩」も、人間の深層から生まれた菩薩だという解釈もある（曾我量深《そがりょうじん》）。こうなると、「名号」がほかでもない、私たちのためにつくられたことがはっきりする。

では、私たちはその「名号」をどのようにして自分のものとすればよいのか。ただ称えるだけでいいのか。親鸞がつぎに強調するのは、「名号」を「聞く」という方法についてである。

名を聞く

「行《ぎょう》」巻《かん》には、「阿弥陀仏の名を聞け、そうするならば必ず浄土に生まれて仏になるであろう」という趣旨の文章が、諸経や論書からくり返し幾度も引用されている。

たとえば、「行」巻に最初に引用されるのは、つぎの一文である。

その仏《ぶつ》の本願力《ほんがんりき》、名《みな》を聞きて往生《おうじょう》せんと欲《おも》えば、皆ことごとくかの国に到りて、自《おのずか》ら不《ふ》退転《たいてん》*に致《いた》る（岩波本、二二頁）。

また、『無量寿経』の異訳『無量清浄平等覚経《むりょうしょうじょうびょうどうがくきょう》』からの引用もある。

諸天人民《しょてんにんみん》、蠕動《ねんどう》の類《たぐい》、わが名字《みょうじ》を聞きて皆ことごとく踊躍《ゆやく》せんもの、わが国に来生《らいしょう》せしめん（岩波本、二二一～二二三頁）。

あるいは、第十八願の成就文《じょうじゅぶん》には、「諸有衆生《あらゆるしゅじょう》、その名号《みょうごう》を聞きて信心歓喜《しんじんかんぎ》せんこと」（岩波本、七三頁）云々とある。「名」を「聞」けば、「信心」が生まれるともいう。これは、なにを意味しているのか。

この点、親鸞は「信《しん》」巻においてつぎのように記している。

しかるに経《きょう》に「聞《もん》」と言うは、衆生仏願《しゅじょうぶつがん》の生起本末《しょうきほんまち》を聞きて疑心《ぎしん》あることなし、これを聞というなり（岩波本、九八頁、傍線著者）。

「仏願」の「生起本末」の「生起」とは、法蔵菩薩《ほうぞう》が起こした四十八願《しじゅうはちがん》、とりわけて第十八願がなぜ起こされねばならなかったのかということである。それは一言でいえば、人間の「無明《むみょう》」（愚かさ）を克服したい、という点にある。

「本末」とは、第十八願の文言にある「若不生者《にゃくふしょうしゃ》」と「不取正覚《ふしゅしょうがく》」について、前者を「本」（第一義）とし、後者を「末」（第二義）とする、という意味である。つまり、法蔵の願いの目的は、あくまでも衆生の成仏にあり、だからこそ、「もし衆生が浄土に生まれないようなことがあれば（「若不生者」）、自分は正覚を取らない（不取正覚）」と決意表明をしているのである。あくまでも、自身の成仏はその衆生成仏の目的を達した後のこと、にしているのである。

したがって、本願《ほんがん》のいわれを聞くという際には、まずこの「生起」と「本末」をよく理解するということが求められている。なによりもまず、人間を動かす根本的な愚かさをわが身に引き当てて知れ、ということなのであり、その上で、そうした人間のために、おのれの成仏を後にして我々の成仏の実現をめざす「本願」というものがあることを信ぜよ、というのである。こうした納得の上にも納得を重ねた末に、「疑心」がなくなったところをさして、親鸞は再びそれが「聞」だというのである。同じ「聞」という文字であるから混乱が生じるかもしれないが、そこには明白な違いがある。

はじめの「聞きて」という「聞」は、「仏願の生起本末」の次第を幾度も反芻《はんすう》しながら、「仏願」の意味、とくになぜ私のためにこうした願が生まれてきたのかについて納得する、

「不退転」：修行上退歩しないことをいう。確実に「悟り」を得る道に入ったこと。
「蠕動」：蛆虫など。／「名字」：名前、呼び名。阿弥陀仏の名をさす。名号。

という意味である。
つぎの「これを聞というなり」という「聞」は、法蔵菩薩が、自分の成仏を後回しにしてまで、まず衆生を、つまり私の成仏を願って「南無阿弥陀仏」という「名号」を案出し、それを私に与えてくれている、ということを信じること、を意味する。第二の「聞」では、「本願」に対する「疑心」がまったくなくなる。

問題は、第二の「聞」にある。親鸞は「疑心」が払拭された状態が「聞」の完成というが、その「疑心」とはなにか。信楽峻麿《しがらきたかまろ》は、ここでいわれる「疑い」は、日常でいう「疑い」ではなく、あくまでも仏教語としての「疑心」であり、その意味は「無明心をもって仏教を学び道理に迷うこと」だという（『真宗求道学』、七一頁）。つまり、ここでいう「疑心」とは、求道《ぐどう》をはじめたなかで生まれる疑いであり、求道以前の常識的な暮らしのなかで生まれる疑問なのではない。

となると、「疑心あることとなし」とは、積極的に言い直すと、仏教の教えに共鳴して、現実の自己と世界のあり方を相対化できる視点が得られた、ということではないか。

だからこそ、親鸞は別の文章において、「また聞というは、信心をあらわすみのりなり」（『一念多念文意』）、というのであろう。つまり、「疑心」のない心境は、積極的に言い直すと、「信心」になるというのである。ただし、ここでいう「信心」は、人が起こす信心なのではない。称名を通じて私のなかに阿弥陀仏の心が伝わってくる、という意味なのだ。

親鸞の「信心」という言葉の用法については、二つの意味がある。一つは、私たちが普通に使う意味であり、仏を対象としてその仏を信じることである。二つは、親鸞独自の意味になるが、「南無阿弥陀仏」と称えることによって、阿弥陀仏の心が私に伝わってくる、その心をいう。したがって、訓としては「まことのこころ」とよむ方がよい。

もっとも、親鸞が二つの質を異にする心を同じ「信心」という漢字であらわすのには、それなりの意味があるように思われる。つまり、私たちにすれば、阿弥陀仏の心が伝わるといっても、その自覚はきわめてむつかしい。ただ、阿弥陀仏に対する「信心」が、称名によって徐々に強固なものになってくる、という体験は不可能なことではない。私のおこした「信心」が、称名を続けるなかで、次第に、私のなかではたらく阿弥陀仏の姿だと受けとめることが生じてくる。

ここで、あらためて「称名」に大きな役割があることに気づかされるであろう。阿弥陀仏の心は、「南無阿弥陀仏」と口に称える行為を通じてはじめて、私に届くのである。もし、こうした「行」を無視して、阿弥陀仏の心が私に届くと主張するならば、それは観念論というしかないであろう。言葉遊びでしかない。本願のいわれに納得して（第一の「聞」）、称名という行を実践してはじめて、「疑心なし」という第二の「聞」（「信心」）が実感できるのである。

そして、第二の「聞」が身につくと、世間の虚仮《こけ》性やおのれの凡夫性がくっきりと認識できるであろう。「聞」が「信」になる点については、後に「信」巻でもう一度ふれる。要は、「行」巻で強調されているのは、「名」を称する前に、「名」の意味をよく聞け、という「聞名」なのである。聞いて納得すれば、自ずと称するのは明白であろう。

ちなみに、「聞名」よりも「称名」を強調したのは中国の善導《ぜんどう》だといわれている。親鸞は、法然の教えを善導にさかのぼって確認している、ともいえよう。

阿弥陀仏は〈はたらき〉

では「南無《なむ》阿弥陀仏」という「名号」には、どのような意味があるのであろうか。つぎに親鸞は、善導《ぜんどう》の「南無阿弥陀仏」についての解説から、その真意を明らかにしようと試みる。まず、善導の文章が引用される。

南無*と言うは、即ちこれ帰命《きみょう》なり。またこれ発願回向《ほちがんえこう》の義《ぎ》なり。阿弥陀仏と言うは、即ちこれその行《ぎょう》なり。この義を以ての故に必ず往生を得《う》（岩波本、四一頁）。

そして、この一文について親鸞は綿密な解釈を施す。

しかれば南無の言《ごん》は帰命《きみょう》なり。帰の言《ごん》は〈至《し》なり〉、また帰説《きえち》なり、説《せち》の字は〈悦《えち》の音《こえ》〉、また帰説《きさい》なり、説《せち》の字は〈税《さい》の音《こえ》、悦税《えちさい》二つの音《こえ》は告《つぐる》なり、述《のぶ》なり、人の意《こころ》を宣述《のぶる》なり〉。命《みょう》の言《ごん》は〈業《ごう》なり、招引《まねきひく》なり、使《し》なり、教《きょう》なり、道《どう》なり、信《しん》なり、計《はからう》なり、召《めす》なり〉。ここを以て帰命は本願招喚《ほんがんしょうかん》の勅命《ちょくみょう》なり。発願回向《ほちがんえこう》というは、如来すでに発願して衆生の行《ぎょう》を回施《えせ》したまうの心《しん》なり。即是其行《そくぜごぎょう》と言《い》うは、即ち選択本願《せんじゃくほんがん》これなり。必得往生《ひちとくおうじょう》というは、不退《ふたい》の位《くらい》に至ることを獲《う》ることを彰《あら》わすなり。経には「即得《そくとく》」と言えり、釈には「必定《ひちじょう》」と云《い》えり。即の言《ごん》は、願力を聞くに由《よ》りて、報土《ほうど》の真因決定《しんいんけちじょう》する時剋《じこく》の極促《ごくそく》を光闡《こうせん》せるなり。必《ひち》の言《ごん》は〈審《つまびらか》なり、然《しからしむる》なり、分極《わかちきわむる》なり〉、金剛心成就《こんごうしんじょうじゅ》の貌《かおばせ》なり（岩波本、四二頁）。

「行」巻では、「帰」と「命」の文字について、詳しい字訓釈《じくんしゃく》を施しているが、ここでは結論だけとりあげる。そして、「本願招喚の勅命」について、別の箇所でつぎのように親鸞自身が説明している。「帰命はすなわち釈迦弥陀の二尊の勅命にしたがい、めし〔召〕にかな

「南無」：古代インド語の namas の発音を漢字で写しただけで、意味は「帰命」、つまり「たのみたてまつる」（『広説仏教語大辞典』）こと。親鸞は「本願招喚の勅命」と解釈する。

うともうすことばなり」(『尊号真像銘文』『定本親鸞聖人全集』ワイド版第三巻、五三頁)。「二尊の勅命」とは、釈迦の説いた『無量寿経』の通りに、衆生を浄土に招く阿弥陀仏の教えに随うこと。

善導は「南無」が翻訳語であり、その意味が「帰命」だと明かした上で、さらに、「南無」は「発願回向の義」だという。

注意を要するのは、この際に用いられている「また」という言葉である。原文でいえば、「亦」となっている。「亦」は、「又」と違って、その前後が次元を異にすることを示すといわれている。A亦Bというときは、A又Bのように、Aの連続でBがある、というのではなく、AとBはまったく次元を異にしている関係にある、というのである。

となると、「南無」の字義の説明として「帰命」があるのとは、まったく次元を異にして「発願回向の義」がある、ということになる。つまり、「南無」の言葉の意味を明らかにすることとは別の論理において、「南無」が解釈されている、ということになろう。では、その解釈とはどういうものか。

「発願回向」は、普通に読めば、私が浄土に生まれたいという願いを起こして、その願いを実現するに相応《ふさわ》しい諸行を修めて、その成果を阿弥陀仏に捧げる、という意味となろう。しかし、親鸞は、「発願」も「回向」も、その主体は阿弥陀仏とする。つまり、阿弥陀仏が一切衆生を救いたいという願いから四十八願をおこし、その成果として「南無阿弥陀仏」をつくりだしたのだが、その「名」を衆生に与える、というのが「回向」の意味になる。親鸞は記す。

発願回向というは、如来すでに発願して衆生の行を回施したまうの心なり（岩波本、四二頁）。

「衆生の行」とは「南無阿弥陀仏」のこと。つまり、「南無」という行為は、阿弥陀仏が我々に与える行為だというのである。「南無」と口を開くのは間違いなく私ではあるが、私が「南無」と口にするのは、私の意識のなかだけで生まれるのではなく、限りのない縁がはたらいて「南無」と口にしているのであり、そうした縁を用意してくれたのが阿弥陀仏だ、ということになろう。

〈はたらき〉の内容

さらに善導《ぜんどう》は、「南無《なむ》阿弥陀仏」の「阿弥陀仏」について、つぎのようにいう。

阿弥陀仏と言うは、即ちこれその行《ぎょう》なり（岩波本、四一頁）。

ここでいう「その」はなにを指すのか、広瀬杲《たかし》は「南無」（＝「帰命《きみよう》」）をさすという。となると、右の文は、「阿弥陀仏というのは、南無の行だ」ということになる。つまり、「南無」と称することは、阿弥陀仏のはたらきを示しているのである。もっといえば、「南無」と称すること以外に阿弥陀仏は存在しないということになる。「帰命の機《き》〔人、阿満注〕というものがない限り阿弥陀の行というものは成就しない」（『観経疏に学ぶ』玄義分二、四七四頁）ということなのである。

要するに、阿弥陀仏は〈行としてはたらく仏〉なのであり、その〈はたらき〉は「摂取不捨《せつしゆふしや》」にある。親鸞は、そのことを善導の文を引用して示している。

ただ念仏の衆生をみそなわして、摂取《しようしゆ》して捨てざるが故に、阿弥陀と名づく（岩波本、三九頁）。

阿弥陀仏は、衆生を「摂取して捨てない」という〈はたらき〉をする仏だ、というのである。

さらに、親鸞は続ける。

即是其行《そくぜごぎょう》と言うは、即《すなわ》ち選択本願《せんじゃくほんがん》これなり（岩波本、四二頁）。

「選択本願」とはどういう意味か。「選択」とは、法蔵が菩薩として諸行のなかから「名」を選択し、それを完成して「南無阿弥陀仏」という「号」としたことをいう。

このように、「南無阿弥陀仏」は、阿弥陀仏の「摂取不捨」という〈はたらき〉（「行」）そのものなのである。称えるのは私だが、同時にそれは阿弥陀仏が私においてはたらくすがたにほかならない。

「必」

善導《ぜんどう》はまた、つぎのようにのべている。

この義《ぎ》を以ての故に必ず往生《おうじょう》を得《う》（岩波本、四一頁）。

この文に対して、親鸞はつぎのように解釈する。「必ず往生を得」とは、「不退《ふたい》の位《くらい》に至ることを獲《う》ることを彰《あら》わす」、と。「不退の位」とは、仏道修行の過程で、二度と「六道」の世界に退転することなく、つぎは「仏」になることが約束されている位で、「悟り」の一歩手前の境地のこと。

しかも、その境地に「ただちに」達するのだとする。親鸞いわく、「経《きょう》には「即得《そくとく》」と言えり、釈《しゃく》には「必定《ひちじょう》」と云《い》えり」と。「経」は『無量寿経』であり、そこには「即得往生住不退転」とあり、「釈」とは龍樹《りゅうじゅ》の『易行品《いぎょうぼん》』で「即時入必定」とある。つまり、往生を得て「不退転」という境地に入る、あるいは、「必定」という悟りに必ず達するという境地に入る、ということが「即」、「ただちに」だという。死後のことなのではない。

この点、親鸞は、さらにつぎのようにのべている。


即《そく》の言《ごん》は、願力《がんりき》を聞くに由《よ》りて、報土《ほうど》の真因決定《しんいんけちじょう》する時剋《じこく》の極促《ごくそく》を光闡《こうせん》せるなり（岩波本、四二頁）。


ここでいう「即」は時間のことで、「極促」つまりきわめて短時間をいう。なにが短時間なのか。それは、阿弥陀仏の本願のいわれを聞いて、「報土」つまり「浄土」に生まれる真の原因が決定する、その時間がきわめて短い、瞬間だというのである。阿弥陀仏の本願のいわれを聞いて納得すると、その納得の瞬間に「不退転」に達する、というのである。「光闡」とは、教えを広くのべること。

また、善導の「必得往生」の「必」という文字について、「審」、「然」、「分極」の意味があると字訓釈《じくんしゃく》を施している。「必」には「審」の意味がある。「審」とは「つまびらか」と訓があり、「はっきりとする」ということ。「然」とは、「しからしむる」とあり、人が計らうのではなく、自ずと、ということ。「分極」には「わかちきわむる」とあって、はっきりと「不退転《ふたいてん》」という境地に達したことがあきらかになること。

最後に「必」という言葉は、「金剛心成就《こんごうしんじょうじゅ》の貌《かおばせ》なり」と結んでいる。「金剛心」とは、称名によって行者に阿弥陀仏の心が届いたすがたをいう。凡夫《ぼんぶ》の心境ではなく、阿弥陀仏の心であるから「金剛」のごとき「心」という。それは具体的には、それまでの本願に対する私の「信心」が揺るぎのないものに変わるから、「真実の信心」ともいわれる。

識心に攬入する

以上のように見てくると、親鸞は「行《ぎょう》」巻《かん》において、「南無《なむ》阿弥陀仏」と口に称えることは、私において阿弥陀仏がはたらいていることを意味する、と強調していることが分かる。阿弥陀仏は「摂取不捨《せっしゅふしゃ》」という〈はたらき〉なのであり、どこかに実在しているわけではない。阿弥陀仏は、明らかに「名」になっている仏なのである。

では、その〈はたらき〉とはどのようなものなのか。「南無阿弥陀仏」と口に称えると、私自身にどのような変化が生まれるのか。

この問題に端的に答えているのが、元照律師《がんじょうりつし》の引用文であろう。親鸞は「行」巻において、元照律師の文言をくり返して引用している。しかも、それは「行」巻において決定的な役割を果たしている。

元照律師は、一〇四八年に中国の南宋・杭州で生まれ、南山律宗《なんざんりつしゅう》という宗派を復興し、中国律宗の第十五祖に数えられる。没年は一一一六年、六十九歳であった。彼が律宗から浄土教へ関心を移したのは、大病がきっかけといわれているが、唐末には衰退していた善導《ぜんどう》の浄土教に関心をもち、自らの教説に取りいれた。元照の歴史的意義は、善導の浄土教を後世に伝える「橋渡し」の役割にあるという（佐藤成順『宋代仏教の研究――元照の浄土教』、一八八頁）。ちなみに、法然の生誕は一一三三年であり、親鸞の誕生は一一七三年であるから、元照は、彼らからは一世代、あるいは二世代前になる。親鸞が元照の文章を引用しているのは、最新の中国仏教に言及していることになろう（法然は直接元照の文章は引用していないが、間接的にふれている箇所があることはよく知られている。『選択本願念仏集』第一三章参照）。

従来の『教行信証』の研究では、元照律師の引用文に言及することは稀であった。そのなかにあって、元照律師の意義を強調しておられたのが石田充之《みつゆき》先生であった。私は先生から、しばしば、親鸞の思想においては元照律師の役割が大事だということをうかがってきた。石田先生は、親鸞が引用する元照律師の文章のどれが大事であるかは、はっきりとは仰らなかったが、私なりに以下のような理解に達した。

元照の言葉で私が重要だと思うのは、以下の文である。

いわんやわが弥陀《みだ》は名《な》を以《もっ》て物《もの》を接《しょう》したまう。ここを以て、耳に聞き口に誦《じゅ》するに、無辺《むへん》の聖徳《しょうとく》、識心《しきしん》に攬入《らんにゅう》す。永く仏種《ぶっしゅ》となりて頓《とん》に億劫《おくこう》の重罪を除き、無上菩提《むじょうぼだい》を獲証《ぎゃくしょう》す。信《まこと》に知《し》んぬ、少善根《しょうぜんごん》にあらず、これ多功徳《たくどく》なり（岩波本、四九〜五〇頁）。

まず、阿弥陀仏は「名」となっている仏だということを明らかにして、その「名」をもって人々（「物」）と交わる（「接」）。だから、その「名」を耳に聞き、あるいは口に声を出して称える（「誦」）と、阿弥陀仏の尊い功徳（「聖徳」）が私たちの心（「識」）にまとめて入ってくる（「攬」はまとめる）。そして、久しく仏になる種となり、すみやかに知られざる過去から積み重ねてきた重罪が除かれ、悟り（「無上菩提」）を獲得する、と。

私が注目するのは、「南無阿弥陀仏」と口に称えると、阿弥陀仏の心が私たちの心の底深くに届いて、私たちがいずれ仏になる種となってはたらいている、という指摘である。それは、深層意識のはるかな底に届くので、日常意識でははっきりと分かることはないとしても、すでに阿弥陀仏と交渉が生じている以上は、私は仏に成る道を歩んでいることになる。

この一文は、「南無阿弥陀仏」と称えることがなぜ不可欠なのか、を明瞭に教えてくれているのではないか。私はこの一文と出遇ったことで、称名への疑いが一切なくなった。そして、「南無阿弥陀仏」と称えることが仏道そのものであり、その道は、私を「仏」ならしめるまで続いていると信じて疑わない。したがって、念仏してなにになるのか、といった疑問もないし、煩悩《ぼんのう》にあけくれる人生にもひどい動揺もない。私の回心《えしん》は、この一文との出遇いにあったといっても過言ではない。

さらにいうと、「行」巻につぎの一文が引用されていることもまた、親鸞にとって本願念仏の教えが仏教の正統であることを主張するためには、きわめて有益だったのではないだろうか。

元照律師《がんじょうりちし》の云《いわ》く、「あるいはこの方《ほう》にして惑《わく》を破《は》し真《しん》を証《しょう》すれば、則ち自力《じりき》を運ぶが故に、大小の諸経に談《だん》ず。あるいは他方《たほう》に往《ゆ》きて法《ほう》を聞き道《どう》を悟るは、すべからく他力《たりき》を憑《たの》むべきが故に、往生浄土《おうじょうじょうど》を説く。彼此《ひし》異《こと》なりといえども方便《ほうべん》にあらざることなし。自心《じしん》を悟らしめんとなり」と（岩波本、五九頁）。

右の一文は、「自力」と「他力」についての解説の段落の最後を締めくくる。「この方」というのは、現世で、ということ。「惑」は煩悩、「惑を破し真を証す」とは、この世の人生で煩悩を克服して悟りを手にすること。こうした道筋は、従来の仏教がすべて説いてきたことであり、文字通り、行者が自らの力を尽くして、つまり「自力」を尽くして「悟り」を獲得する道筋であった。しかし、「自力」の限界を知った者は、阿弥陀仏の本願という「他力」をたよりとして、「悟り」を求めようとする。それが実現するのは「この世」においてではなく「浄土」においてになるが、「浄土」に生まれることによって「悟り」を手にできる。「自力」と「他力」の違いはあるが、いずれも「悟り」に導く「手だて」(「方便」)であることには変わりはない。最終的に、私自身の「心」を「悟り」に転じるという点では同じなのだ、とのべている。

元照が力説しているのは、「他力」もまた仏教だということにある。「自力」の仏道と比べて、「他力」の仏道はあまりに容易に映るかもしれない。その上、「自力」に執心しているものからは、とても「仏教」には映らないかもしれない。しかし、最終的に「悟り」を手にするという点では、まぎれもない「仏教」なのである。

本願念仏が、それまでの「自力」主義の仏教から激しく攻撃されてきたなかで、「他力」の仏教は「自力」の仏教に比べると劣った仏教だという批判を受け、また自らもそのように卑下しがちであった風潮のなかで、人はおしなべて「凡夫《ぼんぶ》」であり、「凡夫」の仏道は阿弥陀仏の本願という「他力」の仏道しかない、と主張してきた親鸞にとって、元照の右の言葉は、力強い励ましと映ったのではないか。

そもそも、親鸞の『教行信証』は、法然によって教えられた本願念仏という「他力」の仏道が、「仏教」の正統であることを論証することを目標としていた。その意味では、「他力」の仏道を擁護する親鸞の試みに、もっとも相応《ふさわ》しい論拠を与えてくれたのが元照の主張であったといえよう。この一文が曇鸞《どんらん》や善導《ぜんどう》らの浄土仏教の祖師たちの言説を締めくくる形で、「行」巻の「他力」釈の掉尾《ちょうび》を飾る位置に置かれているのも、故《ゆえ》なしとしない。

ただし、気をつけねばならない点がある。それは、法然はあくまでも念仏による「浄土往生」だけを主張していて、本願念仏が「仏教の正統」だと力説はしなかった、という点だ。これはなにを意味しているのか。

法然は、現世で「自力」をつくして「悟り」を手にするという、従来の仏教を全否定した。それは、『選択本願念仏集《せんちゃくほんがんねんぶつしゅう》』の冒頭に力説されているように、「末法《まっぽう》」の「凡夫」には不可能な道であったからだ。「凡夫」がめざすのは、阿弥陀仏の「浄土」に生まれることであり、「悟り」を手にするのは「浄土」においてなのである。つまり、「凡夫」の仏道においては「浄土」に往く、ということが当面の最大の関心事でなければならない。「悟り」を手にするのは、その先のことなのである。

この点からいえば、「自力」も「他力」も、「悟り」を手にするという点では同じだという主張は、「浄土往生」を第一の目標とする観点を弱める結果を招くことになるのではないか。法然においては、「自力」仏教に対する「他力」仏教の絶対的優位の確認こそが重要なのである。しかし、元照の文章には、「自力」と「他力」が平等に扱われているきらいがある。

加えて注意を要するのは、法然の本願念仏宗以前の天台宗においては、「娑婆即寂光土《しゃばそくじゃくこうど》」という、「浄土」といえども現世《げんせ》のことであり、現世において「浄土」が実現するという教えが普通であったということだ。元照の、「自力」と「他力」の区別はあっても、最終的には自分の心を転じて「悟り」にいたらしめるのが仏教だという主張は、その「悟り」をどこで手にするのかという場の設定が無視されているだけに、「娑婆即寂光土」という伝統的な教説に引きずられる可能性も高い。法然は、「凡夫」が「悟り」を手にするのは、あくまでも死後、「浄土」に生まれて後のことだという一点はゆずらなかった。娑婆＝現世と「浄土」とを同じだと見る視点は、全否定されている。

この点、また別に論じる必要があるのだが、親鸞には、現世と「浄土」の関係を、法然と同じように、絶対的断絶と見ていたかどうか、いささか気になる点がある。もちろん、仏教は現世での人間の生き方がすべてである。「他力」の仏道によって、どのような生き方が生まれるのか、は大いに問われる必要がある。しかし、法然がこだわった、現世と「浄土」との絶対的断絶を前提とする人間の生き方と、その関係を曖昧にした上で得られる生き方との間には、やはり大きな違いがあるのではないか。あえてここで、ふれておきたい。

「他力」

少々先走ったが、親鸞の「南無《なむ》阿弥陀仏」という「大行《だいぎょう》」についての結論を見ておこう。その一つは、師の法然の『選択本願念仏集《せんちゃくほんがんねんぶつしゅう》』への言及である。二つは、すでに言及している「他力《たりき》」の意味をさらに明らかにすることである。

「南無阿弥陀仏」の価値についてはじめて高らかに宣言したのは、いうまでもなく『選択本願念仏集』である。親鸞は、この書の冒頭と、終わりにいわば結語としてのべられている文章を出して、この書全体の引用に代え、自分の立場が『選択本願念仏集』に依拠していることを示す。

冒頭とは、

選択本願念仏集〈源空《げんくう》の集《しゅう》〉に云《いわ》く、「南無阿弥陀仏〈往生《おうじょう》の業《ごう》は念仏を本《ほん》とす〉」と

（岩波本、五三頁）。

結語にふさわしい文章とは、つぎのとおり。

「それ速《すみ》やかに生死《しょうじ》を離れんと欲《おも》わば、二種の勝法《しょうぼう》の中《なか》に、しばらく聖道門《しょうどうもん》*をさしおきて、選びて浄土門《じょうどもん》に入《い》れ。浄土門に入らんと欲《おも》わば、正《しょう》・雑《ぞう》二行《ぎょう》*の中に、しばらくもろもろの雑行《ぞうぎょう》を抛《なげう》ちて、選びて正行《しょうぎょう》に帰《き》すべし。正行を修《しゅ》せんと欲《おも》わば、正《しょう》・助《じょ》二業《ごう》*の中に、なお助業を傍《かたわら》にして、選びて正定《しょうじょう》を専《もは》らすべし。正定の業《ごう》とは即ちこれ仏《ぶつ》の名《みな》を称するなり。称名は、必ず生《う》れんことを得。仏の本願*に依《よ》るが故に」と（岩波本、五三頁）。

『選択本願念仏集』の冒頭は、「南無阿弥陀仏」と記され、その下に脚注として「往生之業《おうじょうのごう》念仏為《ねんぶつい》本《ほん》」と記されている。この脚注は、法然が「そののち恵心《えしん》の往生要集《おうじょうようしゅう》の文をひらくに往生之業念仏為本と云い、又、恵心の妙行業記《みょうぎょうごうき》の文を見るに、往生之業念仏為《い》先《せん》といえり」（石井教道『選択集全講』、八頁）、とあるように、『往生要集』から学んだ言葉である。『選択

「聖道門」：浄土宗以外のすべての自力の仏教。／**「正・雑二行」**：阿弥陀仏の浄土に生まれるために、浄土経典を読誦し、礼拝行を実践し、阿弥陀仏の名を称する等の行を実践することを「正行」といい、阿弥陀仏以外の諸仏に仕えて、彼らが求める行を実践することを「雑行」という。善導のつくった区別。／**「正・助二業」**：さきの「正行」のなかでも阿弥陀仏の名を称えるという称名行を「正定業」といい、それ以外の阿弥陀仏を讃える行を「助業」として、「正定業」を行の中心とせよ、と善導は教える。／**「仏の本願」**：ここでは四十八願中の第十八願をいう。

本願念仏集』の内容を一言で示す文であろう。

また、いわゆる結語という文は、関係者の間では「略選択《りゃくせんちゃく》」とよばれて、『選択本願念仏集』を学ぶ際は、この文章から始めたといわれている（石井、前掲書、六六五頁）。要は、法然の教えは、本願にしたがって「南無阿弥陀仏」と称することに尽きる、という確認であり、親鸞自身もまたその教えにしたがっている、という表明である。

その上で、つぎの一文をはさんで「他力」の強調へとすすむ。


明《あきら》かに知《し》んぬ、これ凡聖自力《ぼんしょうじりき》の行《ぎょう》にあらず。かるがゆえに不回向《ふえこう》の行と名づくるなり。大小《だいしょう》の聖人《しょうにん》、重軽《じゅうきょう》の悪人《あくにん》、みな同じく斉《ひと》しく選択《せんじゃく》の大宝海《だいほうかい》*に帰《き》して念仏成仏すべし（岩波本、五三頁）。


「不回向の行」もまた、『選択本願念仏集』にある言葉である。法然は、念仏と念仏以外の諸行との対比を五項目あげているが、そのなかに「回向」対「不回向」がある。そして、称名は「たとい別に回向を用いざれども、自然に往生の業と成る」（角川ソフィア文庫版、七二頁）とのべている。

右の文でいう「回向」の主語は人間であり、日常語としての使い方である。往生を得るために、日ごろから善行《ぜんこう》を積み、仏事をなして、その功徳を振り向けることをいう。しかし、称名では、称名そのものを善行とし、その他にも種々の善行を積み上げてそれらを振り向けるということをしなくとも、「自然に往生が得られる」というのである。それは、明らかに阿弥陀仏の本願の力がはたらいているからであろう。それこそが「他力」のはたらきなのである。親鸞は、その「他力」を鮮明にするために「行」巻をしたためてきたともいえる。

ちなみに、「他力」は中国の俗語といわれている。その俗語を用いて、阿弥陀仏の本願を説明したのが、さきに紹介しておいた曇鸞《どんらん》である。つまり、「他力」を用いることによって「自力」という言葉が鮮明になり、「自力」と「他力」の対照によって、阿弥陀仏の本願力を明らかにしたのである。それまでは、「難行道《なんぎょうどう》」と「易行道《いぎょうどう》」という区別であったが、それでは阿弥陀仏の本願力の価値を十分には説明できなかったといえる。「他力」という言葉によって阿弥陀仏の本願力を意味するようになると、それ以外の方法によって「悟り」を求める方法は「自力」と一括できるようになる。そして、阿弥陀仏の本願は、「自力」ではなく「他力」だと言い換えることがはっきりとできるようになったのである。

「行」巻の文にもどる。

「選択の大宝海」：阿弥陀仏が選択した名号は、一切衆生を仏たらしめる力があるから「宝の海」に譬える。

しかれば真実《しんじち》の行信《ぎょうしん》を獲《う》れば、心《こころ》に歓喜《かんぎ》多《おお》きが故《ゆえ》に、これを歓喜地《かんぎぢ》*と名づく（中略）十方群生海《じっぽうぐんじょうかい》、この行信に帰命《きみょう》すれば摂取《しょうしゅ》して捨《す》てたまわず。かるがゆえに阿弥陀仏と名づけたてまつると。これを他力と曰《い》う。ここを以て竜樹大士《りゅうじゅだいじ》は、「即時入必定《そくじにゅうひちじょう》」と曰《い》えり。曇鸞大師は、「入正定聚之数《にゅうしょうじょうじゅしゅ》」と云《い》えり。仰いでこれを憑《たの》むべし、専《もは》らこれを行ずべきなり（岩波本、五三〜五四頁）。

「真実の行信」の「行」とは、第十七願に基づく念仏であり、「真実の行信」の「信」とは第十八願が保証している真実信心、つまり阿弥陀仏の心のことである。この二つの願に忠実である者は「浄土」へ生まれることが確実であり、「浄土」へ生まれさせるというはたらきそのものが阿弥陀仏なのである。この阿弥陀仏のはたらきを「他力」という、と。

この「他力」を受け入れることを、竜樹は「即時入必定」（必ず仏になる位に入ること）といい（『十住毘婆沙論』『浄土真宗聖典』七祖篇、一六頁）、曇鸞は「正定聚に入る」といっている（『浄土論註総索引』四七頁）。「他力」に乗ずれば、必然的に「悟り」への道を歩むのであるから、竜樹や曇鸞の指摘は当然であろう。

さらに親鸞は、のべる。

他力と言うは、如来の本願力《ほんがんりき》なり（岩波本、五六頁）。

「本願力」とは、具体的には第十八願のことであり、四十八願《しじゅうはちがん》全体の力をもいう。そのはたらきについて、親鸞は曇鸞の引用する「阿修羅《あしゅら》の琴《きん》」を紹介する。インドの神である阿修羅がいつも携えている琴は、だれも弾じないのに、聞こうとする者には自然に音を出すという。同じように、浄土に生まれたものは、瞑想のなかにありながら、自在に種々の身を現じ、神通を発揮し、種々の説法ができるが、こうしたはたらきを可能とするのが「本願力」なのである。

では、その「本願力」とはなにか。さらに親鸞は曇鸞の『浄土論註《ろんちゅう》』を引く。

《まこと》にその本《もと》を求むれば、阿弥陀如来を増上縁《ぞうじょうえん》とするなり（岩波本、五七頁）。

「増上縁」とは、仏になるという「果《か》」にもっともつよくはたらく最上の「縁」を意味する。

「**歓喜地**」：宗教的満足を得た時に生じる全身全霊をあげてのよろこび。「地」は修行の階梯を示す。

本願力とは、「増上縁」だというのである。そして、四十八ある願のなかに、このような「増上縁」がはたらいていることをよく示している証拠として、親鸞は三つの願を例として挙げる。

一つは、第十八願である。そこでは、十遍の念仏であっても、ただちに浄土に生まれることができて、輪廻を免れることができる。これこそ、本願力が「増上縁」としてはたらいているからこそ可能なことなのである。

二つは第十一願で、「浄土」に生まれたものはいかなる存在でも、必ず「正定聚《しょうじょうじゅ》」の仲間に入り、その後、悟りに達するであろうという内容だが、本願の力であるからこそ、こうした地位に就くことができるのである。

三つは、第二十二願である。この願は、「浄土」に生まれてくるものをすべて、菩薩の最高位である「一生補処《いっしょうふしょ》」の位に就かせて、あとは仏になることを待つだけとするのだが、「浄土」に生まれてきたもののなかには、いまだ迷える世界にいて苦しむ人々を仏の世界に導きたいという強い願いをもっているものもいる。そうした願いをもつ者は例外として、ただちに「普賢《ふげん》の徳《とく》」（自在な慈悲の活動）を与えてその願いの実現を助けるようにしよう、という願である。

ここでは、通常の菩薩の修行の階梯《かいてい》を飛び越えて、一挙に人々を救うことができる力が与えられるのだが、これもまた本願力、つまり阿弥陀仏が「増上縁」としてはたらいているからこそ可能なのだといえよう。

こうした説明で注意を要することは、阿弥陀仏の本願力は「縁」だということである。「行」に即していえば、「南無阿弥陀仏」と称えることは、仏になるための「縁」（もちろんもっとも強力な「縁」だが）だという断定である。

およそ、ものごとの成果には、「因《いん》」と「縁」があって互いにはたらいて「果」が生まれる、というのが仏教の考え方である。したがって、私たちの成仏についても、その目的を達するためには、「称名《しょうみょう》」が「縁」だとすると、ほかになにが「因」となるのか。

それこそが、「信《しん》」なのである。しかもその「信」は、称名という「行《ぎょう》」を通じてのみ得られる。親鸞が「行」巻のなかで、わざわざ「信心の業識《ごうしき》」という考えにふれているのは、そのためであろう。またそれ故にこそ、「行」巻に続いて「信」巻が設けられねばならないのである。

では、「信心の業識」とはなにか。


良《まこと》に知《し》んぬ、徳号《とくごう》の慈父《じぶ》*ましまさずは能生《のうしょう》の因《いん》*闕《か》けなん。光明《こうみょう》の悲母《ひも》*ましまさずは所《しょ》生《しょう》の縁《えん》*乖《そむ》きなん。能所《のうじょ》の因縁和《いんえんわ》合《ごう》すべしといえども、信心の業識*にあらずは光明土《こうみょうど》に到ることなし。真実信《しんじちしん》の業識これ則ち内因《ないいん》とす。光明名《こうみょうみょう》の父母《ぶも》これ則ち外縁《げえん》とす。内外《ないげ》の因縁和合して報土《ほうど》の真身《しんしん》*を得証《とくしょう》す。かるがゆえに宗師《しゅうし》*は、「光明名号を以て十方を摂化《しょうけ》したまう、ただ信心をして求念《ぐねん》せしむ」と言《のたま》えり（岩波本、五四頁）。

いうところは、およそつぎのとおり。「南無阿弥陀仏」という名号がなければ、浄土に生まれる「因《いん》」が欠けることになる。また、阿弥陀仏は「無碍光如来《むげこうにょらい》」とよばれるように「光」としてイメージされており、「光」＝智慧《ちえ》は遍満《へんまん》している。その光明が浄土に生まれるための「縁《えん》」をつくるのである。浄土に生まれるためには、これらの「因」と「縁」がそろうことが必須条件だが、さらにそれに加えて、当人の「信心」（「信心の業識」）がなければ、「浄土」に生まれることはできない。つまり、「名」と「光」はあわせても間接的な「縁」なのであり、そのほかに、それらの「縁」がはたらきかける「信心」という「因」が当人にそろわなければ、「浄土」に生まれて「悟る」（「報土の真身」を得る）ことはできないのである。「信心の業識」とは、むつかしい言葉である。「業」は行為だが、それには意識・無意識にわたる意味がふくまれる。こうした意識や無意識にわたる諸々の行為のなかで、〈真実〉（＝「まこと」）への意志が生まれ、それが「称名」という行を選択して、その結果、無意識に蓄積される「まことのこころ」が「信心の業識」なのであろう。「信心」とだけいうのではなく、「業識」という言葉が添えられている点が仏教らしい。

私たちは、無数の「因《いん》・縁《ねん》・果《か》」の大海のなかで生きているのだからこそ、様々なものの組み合わせのなかで「信心」も形成されてくるのである。ということは、「信心」は、自分の考えだけで生まれてくる意識ではなく、「称名」という宗教的行を持続させることによって、はっきりしてくる意識なのである。

では、「称名」という「行」を実践することによって、私たちのこころにどのような変化が生まれてくるのか。その変化の内容を記すのがつぎの「信」巻である。

ただし確認しておくが、「称名」を「行」というが、自力的な意味での「行」なのではない。「称名」は、「名」のはたらきとして、「至心《ししん》信楽《しんぎょう》欲生《よくしょう》我国《がこく》」という「三心」＝阿弥陀仏の心＝真実の心を持続的に与え続ける行為なのであって、私たちは、ひたすら「称える」だけであり、念仏にはそれ以上の意味も目的もない。

「**徳号の慈父**」：名号を父親に譬える。つぎの光明の悲母と対になる。／「**能生の因**」：つぎの所生の縁と対になる。能は主体、所は客体を意味する。信心を生ぜしめる主体的にして直接的条件のこと。私が称名をすること。／「**光明の悲母**」：阿弥陀仏の智慧の光を母に譬える。／「**所生の縁**」：阿弥陀仏の光明＝智慧が信心を生むための客観的にして間接的な条件のこと。私をして称名に導く諸々の縁。／「**信心の業識**」：つぎの本文を見よ。／「**報土の真身**」：報土は阿弥陀仏の浄土。真身は、浄土で得られる真実身。／「**宗師**」：善導のこと。

第五章　「信」巻

念仏の心構え

親鸞が「信《しん》」巻《かん》を書かねばならなかった理由の一つは、さきにふれたように、念仏の根拠を第十七願に求めた結果、第十八願の意味をあらためて問う必要があったことにある。しかし、それだけではない。師の法然から預かった課題を解決するためでもあった、と思われる。それは、念仏と『観無量寿経』に説かれている「三心《さんじん》」との関係を明らかにすることである。『観無量寿経』の「三心」とは、つぎに紹介するように、「至誠心《しじょうしん》・深心《じんしん》・回《え》向発願心《こうほつがんしん》」のことで、広い意味では私たちがいうところの「信心」を意味している。

法然は『選択本願念仏集《せんちゃくほんがんねんぶつしゅう》』の冒頭に、「南無阿弥陀仏　往生の業には念仏を先（本）とす」と称名の絶対的優先を表明しているが、同時に、その第八章には、「念仏の行者必ず三心を具足すべきの文」として、善導《ぜんどう》の『観経疏《かんぎょうしょ》』から、『観無量寿経』に説く「三心」に関する文章をほとんどそのまま引用する。そして、私釈としてつぎのように記している。

私に云く、引く所の三心はこれ行者の至要なり。(中略)『釈』にはすなわち「もし一心をも少《か》けぬればすなわち生ずることを得ず」と云う。明らかに知んぬ。一も少けぬれば、これ更に不可なることを。これに因って極楽に生ぜんと欲せん人は、全く三心を具足すべし(拙著『選択本願念仏集』角川ソフィア文庫、二二七頁)。

これでは、念仏を最優先させることと「三心」を必ず具えよ、という教えとはどちらが大事なのか、困惑するであろう。親鸞の場合にも、「称名」と『観無量寿経』が要求する「三心」との関係を明瞭にする必要があった。

まず、『観無量寿経』に説かれている「三心」とはなにか、あらためて『観無量寿経』をみてみよう。

もし衆生《しゅじょう》ありて、かの国に生まれんと願ずれば、三種の心を発してすなわち往生す。何等をか三つとする。一つには至誠心、二つには深心、三つには回向発願心なり。三心を具すれば、必ずかの国に生ず(『真宗聖典』、一一二頁)。

この文章で注意を要するのは、「至誠心」・「深心」・「回向発願心」にそれぞれ番号が振られていることだ。この番号の意味はなにか。

私の見るところ、それは、念仏であれ瞑想であれ、仏教の行《ぎょう》に取りかかるものが、この順序で行を実践してみて、おのれの心に生じる様々な変化を見てみよ、ということではないのか。つまり、本願に対する「信仰心」あるいは「信心」そのものをいうのではなく、本願の教える念仏を実践する際の、心構えを明瞭にするという役目が隠されているのではないだろうか。

というのも、法然自身、「三心」は、仏教のあらゆる行の実践に通じる心構えなのであり、とりわけ念仏の実践には大事だとのべている(角川ソフィア文庫版、二一八頁)からだ。となれば、念仏はその心構えに則った「行」(実践)ということになるから、念仏か「三心」か、という二者択一とはならない。

問題は、「三心」の実践を通じて、どのような心構えを手にするのか、ということになろう。親鸞が「信」巻で展開する『観無量寿経』の「三心」論は、結論をいえば、「他力」を知れ、ということに尽きるように思われる。「他力」を明らかにしてから、称名という実践に乗りだせ、ということだろう。

では、親鸞の「三心」論を具体的に見てゆこう。

その前に、法然の『観無量寿経』の「三心」についての解釈を紹介しておく。

〔三心は〕別々にして事々しきようなれども、心得解けば易く具しぬべき心也。詮じてはまことの心ありて、ふかく仏の誓いをたのみて、往生を願わんずる心也。深く浅き事こそ替目《かわりめ》ありとも、誰も往生を求むる程の人は、さ程の心なき事やはあるべき（「浄土宗略抄」『昭和新修法然上人全集』、六〇〇頁）。

念仏申す事、様々の義は候えども、六字を唱うるに、一切を納めて候也（「北条政子への手紙」同右、五三〇頁）。

ただ名号をとなうる、三心おのずから具足する也と云り（「十七条御法語」『昭和新修法然上人全集』、四六八頁）。

この三心は、その名をだにも知らぬ人も、そらに具して往生し、又こまかに習い沙汰する人も、返りて闕《かく》る事も候也（「御消息」同右、五八五頁）。

相互に矛盾している「三心」

善導《ぜんどう》が『観経疏《かんぎょうしょ》』のなかで主張している「三心《さんじん》」のあり方の主な点はつぎのとおり（『選択本願念仏集』第八章から）。

「一者至誠心《いちしゃしじょうしん》」とは、至とは真のこと、誠とは実。至誠心とは真実心のこと。いかなる行《ぎょう》も真実心においてなせ。そとづらは賢くて善を実践し、努力をしているような振る舞いだが、実際のところは嘘、偽りをいだくようなことはするな。このような実践では、いくら浄土を願っても実現しない。なぜなら、浄土を作った法蔵《ほうぞう》はその修行において一切を真実心において実践したからである。真実でない、虚仮《こけ》の行をもってしては、往生は不可能。

「二者深心《にしゃじんしん》」とは、深心とは深く信じる心。それには二つあり。一つは、自分は罪悪生死《ざいあくしょうじ》の凡夫《ぼんぶ》であり、はるかな昔から輪廻《りんね》の世界に沈没し、流転《るてん》して迷いの世界から脱出する機会がない存在だ、と信じる。二つは、阿弥陀仏の本願によって、往生できると信じること。

「三者廻向発願心《さんしゃえこうほつがんしん》」とは、自分が成し遂げた善行の一切を振り向けて往生を願うこと。

さきにふれておいたように、この「三心」は、行を実践するときの心構えである。称名についていえば、念仏をするときにまず「真実心」をもって称えてみる。そうすると、いつも「真実心」がはたらいているわけではないことに気づくであろう。おのれには、予想外に「真実心」から遠い心のあることに気づくはずだ。

そこで第二の「深心」に入る。「深い心」とは「浅い心」に対する言葉なのであろう。さきの「真実心」をもって念仏するという実践の際に、簡単に「真実心」をもつことができると考えたのは、今となれば「浅い心」のなせるところであったのだ。気持ちの上では「真実心」にもとづいて念仏する、と誓っていても、実際は妄念のなかで念仏をしている。そうなると、「真実心」にもとづいて念仏できると考えていたのは、短慮（浅い心）であったということになろう。

では、さらに「深い心」を以て、この事態（真実から遠い自分）を考えるとどうなるのか。善導がいうように、「自分は罪悪生死の凡夫」であり、「はるかな昔から輪廻の世界を流転して迷いの世界から脱出できないでいる」というあり方に共感できるようになる。

そうなると、そのような絶望的な自分に対して注がれているという阿弥陀仏の本願もまた、受け入れられるようになってくる。これもまた、「浅い心」では生まれなかった自己認識といえよう。

しかも、善導はこうした「深い心」のはたらきを「深信《じんしん》」と読み替えている。つまり、「罪悪生死の凡夫」とか「六道《ろくどう》を輪廻してそこから脱出できない」という自己のあり方について、それを自覚するというのではなく、「信じよ」といっている。また阿弥陀仏の本願によってのみ「浄土」に生まれることが可能だということも、そのことを「信じよ」と迫っている。

自覚や一般的な認識ではなく、「信じよ」といっている点が大事なのだ。「自覚」や「認識」では、つぎへの行動が生まれるかどうか定かではない。客観的な認識で終わってしまうかもしれない。しかし、「信じる」となると、すでにそうしたあり方以外の自分はありえないことになり、つぎの選択がどうしても必要になる。少なくとも、本願《ほんがん》への信心が強くなるだろう。

そうなると、第三の「回向発願心」が、身近になる。つまり、あらゆる努力をあげて浄土への往生を願う心が強くなる。ちなみに、ここでいう「回向」は親鸞が使う意味ではなく、常識的な意味であり、その内容は、私が種々の善行をなして、その成果を手向けて往生を得たい、と考えることである。

かつて、この「三心」について、つぎのような指摘がなされた。一つは、第一の「真実心」と、第二の「深心」における「罪悪生死の凡夫」という認識の間には矛盾がある、ということ。なぜならば、真実であれといいながら、自らは「罪悪生死の凡夫」で一片の真実もない、というのであるから。また二つに、第二の「深心」の後半にある、阿弥陀仏の本願への全面的依拠と、第三の「回向発願心」にある、自己の善行を往生へ振り替えるという考えとの間にも矛盾がある。この二種の矛盾をどのように考えるのか、という指摘である（曾我量深『伝承と己証』）。そしてそれを受けて、これらの矛盾をいかに統一するかという点に、親鸞の功績があるという議論もなされた（武内義範『教行信証の哲学』）。

私はこうした議論に学びつつも、善導の意図は（さらにいえば『観無量寿経』のねらいも）、相互に矛盾した「三心」を、矛盾したまま行者たちに提示することによって、「三心」の順序にしたがった実践のなかで、「自力《じりき》」ではなく「他力《たりき》」という考え方があることに目を開くように、という意図があるのではないか、と考える。

もしそうだとするならば、親鸞は善導の意図をものの見事に受け入れた、といえるように思う。親鸞の『観無量寿経』の「三心」についての解釈がその成果であろう。

親鸞の「三心」理解

親鸞は「信《しん》」巻《かん》で善導《ぜんどう》の「三心《さんじん》」に関する文章を長く引用するが、「他力《たりき》」のはたらきを明瞭にするために、文章は自由に切り継ぎ、削除をくり返して「自力《じりき》」の要素を排除している。また、漢文の訓読を著しく変更して、文の趣意が「他力」の完遂となるように求めている。以下に、その典型例をあげておこう。

まず「至誠心《しじょうしん》」について。

【善導の原文】

欲明一切衆生身口意業所修解行必須真実心中作不得外現賢善精進之相内懐虚仮（岩波本、

三〇六頁）。

【一般的な訓み方】

一切衆生《いっさいしゅじょう》の、身口意業《しんくいごう》に修する所の解行《げぎょう》（理解と実行、阿満注）、必ず真実心の中に作《な》すべきことを明かさんと欲す……外に賢善精進《けんぜんしょうじん》の相《そう》を現じて、内に虚仮《こけ》を懐《いだ》く事を得ざれ

【親鸞の訓み方】

必ず真実心《しんじちしん》の中《うち》に作《な》したまいし（名号のこと、阿満注）を須《もち》いることを明かさんと欲《おも》う。外《ほか》に賢善精進の相を現ずることを得ざれ、内に虚仮《こけ》を懐《うだ》いて、貪瞋邪偽《とんじんじゃぎ》奸詐《かんさ》百端《ひゃくたん》にして悪性《あくしょうや》侵め難し、事《こと》、蛇蝎《じゃかち》に同じ（岩波本、七六頁）。

つぎに、「回向発願心」について。

【善導の原文】

又回向発願生者必須決定真実心中回向願作得生想（岩波本、三〇八頁）。

【一般的な訓み方】
又回向《えこう》発願して、生ぜんと願ずる者は、必ず須《すべか》らく、決定《けつじょう》して真実心中に回向し願じて、得生《とくしょう》の想《おもい》を作《な》すべし

【親鸞の訓み方】
回向発願して生ずるものは、必ず決定して真実心の中に回向したまえる願（第十八願のこと、阿満注）**を須《もち》いて得生の想を作《な》せ**（岩波本、七九頁）。

いずれも、親鸞の漢文の読み方は、「必須」の「須」の文字を助動詞として「すべからく……すべし」と訓ずるのではなく、「もちいる」という動詞として訓じている。このような変則的な訓を用いるのは、人間にはおよそ「真実心」というものが一切存在しないという考え方に立っているからであり、「真実心」があるとすれば、それは阿弥陀仏から与えられたものだという認識があるからだ。「回向」の主体は人間ではなく、阿弥陀仏だということなのである。

それは一言でいえば、凡夫《ぼんぷ》の成仏は、阿弥陀仏の「本願力」（つまり「他力」）に由るしかないということだろう。親鸞自身が「至誠心」からはじめて「深心」、さらに「回向発願心」へという心構えの実践をくり返すなかで、実感として得られたのがほかでもない「他力」な

のであった。そういう意味では、「三心」は「他力」を知れ！　という教えにほかならない。私たちは、「他力に由る」ことを心構えとして、称名の道を歩むのである。

「二種深信」

親鸞の「三心《さんじん》」の理解は、右に見たように、「至誠心《しじょうしん》」にせよ「回向発願心《えこうほつがんしん》」にせよ、善《ぜん》導《どう》の文章を大幅に書きかえてなされているが、「深心《じんしん》」については、通常の訓読にしたがっていて変更はない（ただし、善導の文章は中間部分が大幅にカットされている）。

なかでも「二種深信《にしゅじんしん》」とよばれる箇所は、法然も親鸞ももっとも尊重した文である。「二種深信」とは、さきに紹介した、自分は「罪悪生死《ざいあくしょうじ》の凡夫《ぼんぶ》」だという確信と、その自分は「本願《ほんがん》」によってのみ往生できるという確信、この二種の信心のことである。仏教では、人間のことを「機《き》」とよび、教えのことを「法《ほう》」と言い習わしてきたから、前者の確信を「機の深信」、後者を「法の深信」といい、あわせて「二種深信」とよぶ。

この「二種深信」は、念仏という「行《ぎょう》」を実践する場合の、もっとも大切な心構えである。もし、「二種深信」がなければ、称名《しょうみょう》は容易に呪文と化し、あるいは、なんのための念仏かという疑念が行者に長くまとわりつくことになるだろう。

親鸞は、「三心」の実践のなかで「深心」の意義をとくに認めて、おのれの心構えとして

「深信」を採用した。親鸞がいうところの「信心」とは、具体的には「深信」をさす。そしてそれがゆえに、最終的に「第十八願」による往生を確信するにいたるのだが、一方では、おのれのなかの「真実心」への疑いがない場合や、おのれの「善根《ぜんこん》」の「回向《えこう》」に疑問のない場合にも、「第十九願」や「第二十願」によって往生できることもまた確信していた。のちに「方便化身土《ほうべんけしんど》」巻《かん》でふれるが、「三願転入《さんがんてんにゅう》」とよばれる信心のあり方の変遷・相異は、親鸞自身の「三心」を実践するという体験から生まれたことなのであろう。やはり、心構え次第によって、念仏もその到着点に相違があるのであり、「安心《あんじん》」（浄土往生を願う心を定めること。心構え）と「起行《きぎょう》」（行をすること）はワンセットといわれてきた所以なのであろう。

親鸞の「信心」の意味

ここで、親鸞が使用する「信心」という言葉の内容を再度確認しておこう。というのも、「信《しん》」巻《かん》で論じられている「信心」あるいは「信」は、人の起こす信仰心、信心ではなく、称名《しょうみょう》という行によって、行者に生じる阿弥陀仏の心をさすことが多いからである。

まず、一つは、常識でいう意味であり、教えや真理を私の決断において選ぶということ。本願念仏《ほんがんねんぶつ》に関していえば、私自身が「本願」の道理に納得する、という意味である。二つは、「澄浄心《ちょうじょうしん》」という意味である。これは、称名によって行者に伝わる阿弥陀仏の心をいう。

「澄浄心」とは聞きなれない言葉だが、サンスクリット版の『無量寿経』のなかで使われている用語で、中国での翻訳の際に、「信心」と漢訳された（藤田宏達『大無量寿経講究』、一四八頁以下）。その時、「信」だけでなく「心」を付加して「信心」と訳したのは、「心」には「集起」の意味があるからだという。つまり、人間の善悪のすべての業《ごう》の因果《いんが》をおさめているのが「心」であり、その「心」に対して「澄浄心」がはたらくことになるから、「信」だけでなく「信心」としたというのである（信楽峻麿『真宗学概論』、一七九〜一八〇頁）。要は、「澄浄心」は、私たちの深層意識に関わることがらなのである。

曾我量深《そがりょうじん》が「信」についてつぎのようにのべていることも、「信」が「澄浄心」という「浄化」のはたらきをすることと、深い関係にあることが示されているであろう。「信とは自己の心中に一点の虚偽と私念もなく、八面玲瓏《はちめんれいろう》の境である」、あるいは「浄が信なのである」（『曾我量深選集』第二巻、一四九頁）、と。

そして、称名によって「澄浄心」が私のなかにいわば灯《とも》ると、その結果、一つは、本願に対する納得（普通にいう「信心」）が強固になる。二つは、今まで見えなかったことが見えてくる。つまり、おのれのあり方と世界に対する認識において、今までとは異なる新たな覚醒が生まれる。このことを、仏教学の知識でいえば、人間の煩悩には、「見惑《けんわく》」（仏教の真理が分からないこと）と「修惑《しゅわく》」（現象的な事物に捉われる）があるが、「見惑」は「信心」によって破られる、ということにつながる。つまり、「信心」は、「覚醒」の一種にほかならない。

このように、親鸞がいう「信心」は、私が阿弥陀仏を対象として阿弥陀仏を信じることを意味するだけではなく、「南無《なむ》阿弥陀仏」という「名」を称することによって、阿弥陀仏の心が私の深層意識に蓄積されて、次第に心が澄んできて浄化され、今まで見えなかったことが見えてくるようになる、という意味をあわせもつのである。

「第十八願」の「三心」

さきに、親鸞をして「信《しん》」巻《かん》を執筆せしめた理由は、念仏の根拠を第十七願に求めた結果、あらためて第十八願の意味を明らかにする必要にせまられた点にある、とのべておいた。くり返すが、善導《ぜんどう》や法然にとっては、第十八願の眼目は「乃至十念《ないしじゅうねん》」という文字に示された称名行にある。しかし、第十八願には「至心信楽欲生我国《ししんしんぎょうよくしょうがこく》」という心のあり方が加えられている。この三つの心をどのように理解すればよいのか（「至心信楽欲生我国」は、『観無量寿経』の「三心」と区別するために「三信《さんしん》」ともいわれる。本書では「三心」とするが、『観無量寿経』か『無量寿経』を付してその区別をする）。

この点、法然は「乃至十念」という行為に、「至心信楽欲生我国」という心が具わっている、とみている（さきにふれておいた点を見てほしい）。

ほかに現代の研究書によると、第十八願の読み方はつぎのとおり。「もし私が仏になったならば、十方世界にいる一切の善人も、悪人も、いかなるものでも、真実の心をこめて（至心）深い信心（深心）を起こして、浄土に往生したいと念願（欲生我国）して、南無阿弥陀仏の名号を称えて念仏を常に相続するならば（乃至十念）、必ず往生を遂げさすであろう。もし万が一、一人でも往生できないようなものがあれば、私は仏にはなりません」。これは浄土宗に属する坪井俊映《つぼいしゅんえい》の解説（『浄土三部経概説』、一七一頁）だが、「信楽」ではなく「深心《じんしん》」としている。それは、法然が『観無量寿経』の「三心」と『無量寿経』の「三信」を同一とみていた立場を継承しているからである。

一般的には、「信楽」の「楽」は「願う」という意味だとされ、「信楽」は「信じ願う」と訳される（拙著『無量寿経』ちくま学芸文庫版、一八七頁）。

またサンスクリット版の研究によれば、漢訳の「至心信楽欲生我国」に相当する原文はないが、「信楽」は「浄信」や「澄浄心《ちょうじょうしん》」の意味だという。また「至心」に相当する原語はなく、翻訳にあたって付された「漢訳特有の形容詞」ではないか、という説もある（藤田宏達『大無量寿経講究』、一五四頁）。

親鸞の「三心」解釈

親鸞の第十八願における「三心《さんじん》」の解釈は、世親《せしん》（天親《てんじん》）の『浄土論』に記されている

「一心」との関係において論じられる。「一心」とは、「世尊我一心　帰命尽十方　無碍光如来　願生安楽国」（『真宗聖典』、一三五頁）にある「一心」である。読み方は、つぎのとおり。「世尊《せそん》　我一心に尽十方無碍光如来《じんじっぽうむげこうにょらい》に帰命《きみょう》して安楽国《あんらくこく》に生まれんと願ず」（東本願寺『解読浄土論註』巻上、一三頁）。

なぜ、親鸞は『浄土論』の「一心」と関係づけて『無量寿経』の「三心」を論じるのか。それは、のちにふれるように、親鸞が第十八願の「三心」のなかでも、「信楽《しんぎょう》」を中核とする考え方に立っていたからであろう。親鸞は、この「信楽」を「一心」という。そして、この「一心」＝「信楽」が欠ければ「報土《ほうど》」（浄土）には生まれることができないと考えていたのである（『唯信抄文意』『定本親鸞聖人全集』ワイド版第三巻、一七七頁）。

さらにいえば、法然は『選択本願念仏集《せんちゃくほんがんねんぶつしゅう》』のなかで、「涅槃《ねはん》の城には、信を以て能入《のうにゅう》と為《な》す」（角川ソフィア文庫版、二一八頁）とのべていて、往生には「信」一つで足りるとしている。そこには、煩わしく「三心」は記されていない。親鸞は、この法然の主張を受け入れている。

このような立場から『浄土論』をみると、その冒頭の「世尊我一心」の「一心」は、親鸞にとっては特別の意味をもってきたのであろう。もともと、『浄土論』に註釈を加えた曇鸞《どんらん》によれば、この「一心」は、「自督」の言葉であり、「持続」を示すという。つまり、「天親菩薩が自らをはげまされたことば」であり、浄土への願いを「心にたえまなく念じて、雑念が少しもまざらないこと」をいう、とする（東本願寺『解読浄土論註』巻上、一五頁）。そういう意味では、この「一心」は、副詞であって、行を遂行する上での「心構え」の意味が強くなる。そのような理解は、親鸞の理解とはまったく異なる。だが、その経緯は省くが、親鸞は天親のいう「一心」は、自分が理解した「信楽」の「一心」と同じだと考えている。

つまり、「一心」は「一つの心」なのであり、それは、漢字では「完全」という意味であり、親鸞流にいえば、それは最終的には阿弥陀仏の心ということになる。称名によって与えられる、阿弥陀仏の心＝「まことのこころ」が「一心」の内実にほかならない。

以上のような予備知識をもって、あらためて親鸞の『無量寿経』の「三心」の解釈を見てみよう。

第十八願の願文を普通によめば、この心は、浄土に生まれることを願う人間が起こすべき心になる。しかし、法然はこの「三心」は人間が起こすことができる心ではなく、だからこそ法蔵菩薩が人々に代わって修行して実現し、人々に施与してくれる心だと解釈している。つまり、念仏をするほどの人間には、こうした「三心」もおのずと与えられ、そなわるようになるのであり、人はただひたすら（「一向に」）称名という行為に集中すればよい、と教えたのである。

親鸞もまた、その教えにしたがい、「三心」は阿弥陀仏が念仏者に与える心だと理解している。しかし、その説明は、詳細にわたっている。親鸞が、なぜそれほどに説明せざるをえなかったのか。そこには、法然在世のころとの時代差、つまり本願念仏をうけとる側の精神のあり方に差が生じていたからであろう。つまり、本願念仏への疑いが広がりはじめていたからこそ、本願念仏の根拠と、そのはたらきについて、詳細に説明せざるをえなかったのである。『教行信証』の「信」巻の内容がそれにほかならない。

「三心」の共通点

親鸞は第十八願の「三心《さんじん》」の性格を、まず、それらの共通点から考察する。つぎに、にもかかわらず「一」つの「心」ではなく、「三」つの「心」として、第十八願中に説かれている所以を明らかにする。

なぜ「三心」を「一心」として理解しようとするのか。それは『浄土論』が「世尊我一心」とあるように「一心」として理解しているからであり、親鸞自身も「一つの心」として理解していたからである。いわく、

弥陀如来《みだにょらい》三心を発《おこ》したまうといえども、涅槃《ねはん》の真因《しんいん》はただ信心を以てす。この故に論主《ろんじゅ》*三を合《ごう》して一とせるか（岩波本、八四頁）。

ちなみに、文中の「涅槃の真因はただ信心を以てす」は、さきに紹介したように、法然の『選択本願念仏集《せんちゃくほんがんねんぶつしゅう》』にある「生死の家には、疑を以て所止と為し、涅槃の城には、信を以て能入と為す」（角川ソフィア文庫版、二一八頁）をふまえている。ここにも、「信」の一文字が強調されていて、本願の文字のように「三つの心」にはなっていない。

ではどうして「三心」は「一心」となるのか。その論証のために、親鸞は天台宗に伝統的な「字訓釈《じくんしゃく》」をくり返す。例えば、「至心《ししん》」の「至」は、「真」、「実《じち》」、「誠《じょう》」の意味があり、「心」には「種」、「実」の意味がある。また「信楽《しんぎょう》」の「信」には、「真」、「実」、「誠」、「満」、「極《ごく》」、「成《じょう》」等の意味があり、「楽《ぎょう》」には、「欲」、「願」、「愛」等がある。また、「欲生《よくしょう》」には「字訓釈」を離れて「大悲廻向《だいひえこう》の心」があるとしている。そして、こうした言葉の共通点として「疑蓋間雑《ぎがいけんぞう》」がないことと、「真実の心にして虚仮《こけ》雑《まじ》わることなし、正直の心にして邪偽《じゃぎ》雑わることなし」（岩波本、八五頁）という共通点があげられる、とする。そして、この共通点ゆえに「一心」という、と。

いうところの「疑蓋間雑」の「疑蓋」というのは、常識でいう疑いの心ではなく、「無明《むみょう》、煩悩《ぼんのう》」のことであり、それが心を覆うことによって「智慧《ちえ》」のはたらきが弱まり、仏道を歩

「論主」：世親のこと。旧訳では天親。四～五世紀頃の人。

む上での妨げになること（信楽峻麿『真宗学概論』、一八五頁）、といわれる。ということは、「疑蓋」がないということは、無意識に智慧の開発が行われるということなのであろう。日常には意識できなくとも、無意識における変化が称名によって生まれているのである。

こうして親鸞は、以下のようにのべる。

まことに知んぬ、疑蓋間雑なきが故に、これを信楽と名づく。信楽即ちこれ一心なり。一心即ちこれ真実信心なり。この故に論主、建《はじ》めに一心と言えるなりと、知るべし（岩波本、八五頁）。

右の文にある「真実信心」は、阿弥陀仏が私のなかではたらくことによって生まれる「まことのこころ」の意味であろう。ただ、親鸞が「一心」だという「信楽」は、「三心」中の「信楽」なのか、「三心」全体を包括する、新たな意味をもつ「信楽」なのか、論者によって意見が分かれる。私は、「一心」を「金剛《こんごう》の真心《しんしん》」というところをみると、「三心」のなかの「信楽」ではなく、「三心」全体をまとめる、新しい意味が与えられているように思う。

つぎに、第十八願の「三心」が、『無量寿経』では「一心」としてではなく、「三心」として説かれている理由はどこにあるのか、をめぐって論がすすめられる。

その際の理解として役に立つのは、さきほどの「字訓釈」から得られた「三心」の読み替えであろう。すなわち、「至心」は「真実誠種《しんじつじょうしゅ》の心」等、「信楽」は「真実誠満《しんじつじょうまん》の心」等、「欲生」は「願楽覚知《がんぎょうかくち》の心」であり「成作為興《じょうさいこう》の心」であり、「大悲回向の心」だ、と（岩波本、八五頁）読み替えられている。

どうして、このような解釈が生まれてくるのか。それは、「字訓釈」に暗い私にはよく分からない。辞書にも、簡単には出てこない転釈の連続である。その詳細は、学者の議論を見ていただきたい。大事なことは、そうした手続きを経て、親鸞が右に見たような解釈に落ち着いたという点にある。以下、その内容を見てみよう。

「至心」と「信楽」

「至心《ししん》」は真実心で、阿弥陀仏の心をいう。ただし、それだけでは抽象的で凡夫《ぼんぷ》が理解するすべがないから、親鸞は「至心」は名号《みょうごう》（「南無阿弥陀仏」）になっている、とする。ちなみに、「至」という漢字には、槍が一直線に目標に突き刺さるように、ただ一筋に、という意味があるという（『漢語林』）。名号の役割を象徴するのにふさわしい言葉であろう。「至心」が名号になっていることについて、引用文はつぎのようにのべている。

如来清浄《にょらいしょうじょう》の真心《しんしん》を以て円融無碍不可思議不可称不可説《えんゆうむげふかしぎふかしょうふかせち》の至徳《しとく》を成就《じょうじゅ》したまえり（岩波

本、八五頁)。

「至徳」は名号のこと。名号が人智を超えていることを示すために「円融無碍」以下の修飾語がついている。

「至心」は、親鸞によれば「真実誠種《しんじつじょうしゅ》の心」だとされる。その「種」は、実を結ぶことを前提にしている言葉であるから、「名号」が「種」になって、「名号」を称える凡夫の心に阿弥陀仏の真実心がまっすぐに植えつけられることを意味するであろう。

そして、つぎの「信楽《しんぎょう》」は、「真実誠満《しんじつじょうまん》の心」であるから、その「種」が育ってあらたに「満ちてくる」ことになる。つまり、「南無阿弥陀仏」と称えると、称える人の心に阿弥陀仏の心が満ちてくる、ということにほかならない。

もっとも、「満ちてくる」といっても、煩悩に支配されている凡夫には、その実感はきわめて難しい。だからこそ、親鸞は「行《ぎょう》」巻《かん》で、元照《がんじょう》の阿弥陀仏の心は「識心《しきしん》に攬入《らんにゅう》する」という言葉を引用したのであろう。「識心」はいわば無意識であり、「攬入」とは一挙に流れ込んでくるという意味である。その流入の蓄積のなかで、時に一部が意識化されて、喜びが生まれてくることもあるのであろう。だからこそ、「信楽」を示す熟語として「歓喜《かんぎ》賀慶《がきょう》の心」(岩波本、八五頁)もあげられている。

親鸞は、念仏者の心に右の「至心」と「信楽」が与えられることを、「本願《ほんがん》信心の願成就」

とよび、つぎの一文をあげている。

願成就の文《もん》、経に言《のたま》わく、「諸有《しょう》の衆生《しゅじょう》、その名号を聞きて信心歓喜《しんじんかんぎ》せんこと乃至《ないし》一念せん」と（岩波本、八八頁）。

この文は、『無量寿経』下巻に出る、第十八願が実現したことを示す文（「成就文《じょうじゅぶん》」とよびならわす）の前半であり、今は便宜のために漢文のままで該当箇所に傍線を施しておく。

諸有衆生　聞其名号　信心歓喜　乃至一念　至心回向　願生彼国　即得往生　住不退転
唯除五逆　誹謗正法（ちくま学芸文庫版、三四一頁）。

あえて白文のまま表示したのは、この漢文の読み方が親鸞では特別のものになっているからである。それはあとでふれるが、まず、なによりも文章を「乃至一念」で切っていることであろう。普通は、この文の全体が第十八願の成就を示す証拠として読まれる。その証拠を前半と後半に分けている点に親鸞の考え、とくに「他力」に乗じて浄土に生まれることを明らかにしようという意図がある。

「欲生我国」

つぎに「欲生《よくしょう》(我国《がこく》)」とあるが、これはなにを意味しているのか。普通に読めば、「阿弥陀仏の国である浄土に生まれたいと欲して(念仏する)」ということだろう。だが、親鸞においては、この文の主語は私たちではなく、阿弥陀仏と考えられているから、「阿弥陀仏が私たちをして浄土を願わせる」という意味になる。

したがって「欲生」は、一つは「願楽覚知《がんぎょうかくち》の心」だという。「願」も「楽」も願うという意味であり、浄土に往生したいと願うことである。「覚知」は明確に知ることで、「願楽覚知の心」とは、浄土往生を明確に願う、ということになろう。つまり、そもそも浄土に生まれたいという心そのものが、阿弥陀仏から「欲生我国」(「我が国に生まれんと欲せよ」)のはたらきかけを受けないかぎり生まれることがない心だ、ということになる。

さらに「願楽覚知の心」に続いて、「成作為興《じょうさいこう》の心」が生まれるという。「成」は浄土往生が成就することであり、「作」は仏になる(「作仏」という)ことであり、「為興」は衆生のために大悲を興すことだという。つまり、「成作為興の心」とは、浄土に生まれて仏となり、一切衆生のために慈悲を興す、ということになる。

問題は、この二つの心に続いて、「大悲回向《だいひえこう》の心」が説かれる点にある。今まで「字訓釈《じくんしゃく》」

によって「三心《さんじん》」の内容を明らかにしてきたが、ここにいたって「字訓釈」とは関係なく、「欲生」は、「大悲回向の心」だといわば総括する視点が現れるのである。

その意図は、どこにあるのか。親鸞は、さきの「願楽覚知の心」を「往相《おうそう》」（浄土に生まれるための道筋）とよび、「成作為興の心」を「還相《げんそう》」（浄土で仏になってから衆生を仏にするために現世に戻ってきて活動するすがた）とよんでいる。その「往・還」のはたらきがともに、阿弥陀仏のはたらきであることをいいたいがために、「大悲回向の心」という言葉を用いたのであろう。

さきにのべたことのくり返しになるが、あえて記しておく。そもそも、「回向」とは差回すということであり、一般には、自分の成就した徳や善行を他人の成仏のために差回することをいうが、親鸞においては、「回向」は阿弥陀仏だけが実践できる行為であり、人間には「回向」するべき価値はなにひとつないとする。つまり、人間には、「悟り」を獲得するために差し出す善行や徳は皆無であり、差し出すものがあったとしても、それらはすべて煩悩に汚染されているから、「回向」に値しないのである。人は「悟り」を得るためには、阿弥陀仏の「回向」（＝はたらきかけ）をうけるしかない。そして、その阿弥陀仏のはたらきかけこそが「他力」なのである。

すでにみたように、親鸞は『教行信証』の「教《きょう》」巻《かん》の冒頭で、浄土真宗とはいかなる宗教かを説明して、「謹んで浄土真宗を按ずるに、二種の廻向あり。一つには往相、二つには還相なり」（岩波本、一五頁）とのべている。その意味は、右に記したように、凡夫が仏になる道も、凡夫が仏となって一切衆生にはたらきかけることも、すべて阿弥陀仏の本願力による、ということなのである。

「法蔵魂」

法然は「一向に」念仏せよとだけ教えて、その念仏によって、人の心にどのような変化が生まれるかについては、積極的には説明しなかった。そのことの意味はきわめて重いと考えられるが、今はふれない。いずれにしても、親鸞の時代になると、念仏者が念仏のいわば証を求めるようになってきた、あるいは、念仏が仏道の本流であることをよくよく説明してほしい、という要求が生まれてきたのである。それは現代のような、宗教全体に対する冷ややかな疑いというような精神とはまったく異なる、念仏門に対する真摯な要求であったと考えられる。そして、親鸞の第十八願の説明は、こうした要求に十分な満足を与えることができたのではないだろうか。

なによりも、阿弥陀仏の「真実心」が名号《みょうごう》となり、それが称名《しょうみょう》によって念仏する人間の無意識に蓄えられる。これだけでも、称名が仏道であることが証明されたといえる。つまり、称名という行為が阿弥陀仏から与えられた行為であり、その行為を通じて阿弥陀仏の心が私の深層意識に蓄えられる。それは、いつの日にか、煩悩の身を捨てた時に全面的に開花して、私は仏になる。そのような仏になるための道こそが、日々の念仏なのである。その道を仏道といわずしてなんというのか。称名こそが、仏道そのものなのである。そのことが分かると、称名をしてなにになるか、という問いそのものが愚問だと分かってくる。

それだけではない。わが身に阿弥陀仏の心が流入する以上、凡夫《ぼんぶ》の身であっても、仏の活動である慈悲行がいささかでも実践できるようになる。そのことを証明するのが、「欲生我《よくしょうが》国《こく》」（人間からいえば「願生彼国《がんしょうひこく》」）という阿弥陀仏のはたらきかけによって生まれる「大悲回《だいひえ》向《こう》の心」ではないか。

今までの「三心《さんじん》」の説明では、この点がはっきりしてこなかった。「三心」のなかで「欲生」が一番大事だと強く主張したのは、曾我量深《そがりょうじん》である。ただ、伝統教学の用語によってなされる曾我の主張は、今の読者にはわかりにくい。だが、つぎのような言葉には深く頷くことができるのではないか。

「如来は真実の行《ぎょう》〔念仏のこと、阿満注〕を我らに廻向したもうと共に、それを動かすところの願《がん》というものを廻向してくだされたのである。（中略）ただ果徳《かとく》〔念仏のこと、阿満注〕だけを与えてくださるのではなく、果徳の因になるところの廻向心、いわゆる法蔵願心、法《ほう》蔵魂《ぞうだましい》を一緒に与えてくださる」（『「教行信証」「信の巻」聴記』『曾我量深選集』第八巻）、と。

ここには、まさしく仏教徒の現実の生き方の根拠が示されている、ということもできるであろう。「法蔵魂」とは、親鸞のいう「大悲回向の心」にほかならない。一切衆生《いっさいしゅじょう》を仏にしたいという、途方もない願いを発すること、そのことである。称名という行為が、念仏を工夫した法蔵菩薩の、このような根本的な願いそのものをも、念仏者に与えてくれる、というのである。

もとより、その自覚、実感は念仏者によって千差万別であろう。だが、称名は、他者を仏の道へ誘うはたらきをふくんでいるのである。今までの浄土門の信者たちがこの一点にどうして気づいてこなかったのか、いや気づかせようとしてこなかったのか。既成教団の責任は、重いといわねばならないだろう。

ふたたび「欲生我国」について

「信《しん》」巻《かん》にもどって、「欲生《よくしょう》」のはたらきについて、もう一度確認をしよう。親鸞は「欲生」について、つぎのようにまとめる。

> 次に欲生《よくしょう》と言うは、則ちこれ如来、諸有《しょう》の群生《ぐんじょう》*を招喚《しょうかん》したまうの勅命《ちょくみょう》なり。則ち真実《しんじち》の信楽《しんぎょう》を以て欲生の体《たい》とするなり。*誠にこれ大小凡聖《だいしょうぼんしょう》、定散自力《じょうさんじりき》の回向にあらず。かるがゆえに不回向《ふえこう》と名づくるなり。しかるに微塵界《みじんかい》*の有情《うじょう》*、煩悩海《ぼんのうかい》に流転《るてん》し、生死海《しょうじかい》に漂没《ひょうもち》し

て、真実の回向心なし、清浄《しょうじょう》の回向心なし。この故に如来、一切苦悩の群生海《ぐんじょうかい》を矜哀《こうあい》*して、菩薩の行を行じたまうしとき*、三業《さんごう》*の所修《しょしゅ》、乃至《ないし》一念一刹那《いちねんいちせちな》も、回向心を首《しゅ》として大悲心《だいひしん》を成就《じょうじゅ》することを得たまえるが故に、利他《りた》真実の欲生心《よくしょうしん》を以て諸有海《しょうかい》に廻施《えせ》したまえり。欲生即ちこれ廻向心なり。これ則ち大悲心なるが故に、疑蓋《ぎがい》雑《まじ》わることなし（岩波本、九二頁）。

「欲生我国」は、もとは「我が国に生まれんと欲して」とよむ。それが、主語が人から阿弥陀仏に代わったために、「我が国に生まれんと欲《おも》え」という命令形になる。その命令形を親鸞は「招喚したまうの勅命」と、古い言葉でいう。「勅命」は、天皇の命令であって、臣下は拒否できない。つまり、「浄土へ来るように」「招き呼ぶ命令」のはたらきが「欲生」にほ

「**諸有の群生**」：迷いの世界に生きる、生きとし生けるもの。あとに出る諸有海も同じ。／「**欲生の体とする**」：体は本体、実体。用と対になる言葉。用は作用、応用（『漢字源』）。欲生のもとは信楽にある、ということ。／「**微塵界**」：無数の迷いの世界。／「**有情**」：一切の生きとし生けるもの。旧訳は衆生。／「**矜哀**」：あわれむこと。／「**菩薩の行を行じたまうしとき**」：阿弥陀仏になる以前の法蔵菩薩の時代のこと。／「**三業**」：身と口と意志が生み出す行為。ここでは法蔵菩薩のはたらき。

かならない。
しかし、その「浄土」へ来るようにという「命令」は、「信楽」をもとにしている。「体」というのは、はたらきのもとをいう言葉であるから、「命令」を生み出すもと、ということになる。「信楽」は、さきにみたように、「名号《みょうごう》」を通じて、阿弥陀仏の心が満ちてくること。「南無阿弥陀仏」と称えるなかで生まれてくる、自然に生じる「浄土」へ生まれたいという願いにほかならない。

もとより、称名《しょうみょう》によって生まれる「願い」は、如来から回向されている。自らの意志によってつくりだしたものではない。称名をしようと決断をするのは私の意志だが、称名によって私に阿弥陀仏の心が伝わるのは、あくまでも阿弥陀仏のはたらきなのである。それゆえに「不回向」、つまり、私が「回向」するのではない、となる。

「不回向」という言葉は、法然が『選択本願念仏集《せんちゃくほんがんねんぶつしゅう》』の第二章で用いている。そこでは、浄土に生まれるための「行」に「正」と「雑」の二種があり、「正」のなかにさらに二種ありとして、「一心に専《もっぱ》ら弥陀の名号を念じ、行住坐臥《ぎょうじゅうざが》に時節《じせつ》の久近《くごん》を問わず、念念に捨てざる者、これを正定《しょうじょう》の業《ごう》と名づく。彼の仏の願に順ずるが故に」と、「称名」が「正」で、他の行はすべて「助業《じょごう》」とする。そして、なぜ「称名」を「正定業」とするのかの理由として、「不回向」をあげる。「たとい別に回向（この場合は人間が行う回向の意味）を用いざれども、自然に往生の業と成る」と、「不回向」は「自然」のはたらきだとのべている（角川ソフィア文庫版、一七二頁)。

つぎに、親鸞は、なぜ阿弥陀仏は人に「欲生心」を与えねばならないのか、という理由をのべる。人からすれば、どうして「浄土」に生まれるために、「自力」ではなく、阿弥陀仏の「他力」を頼まねばならないのか、という理由である。

それは一言でいえば、衆生から真実にして清浄な「回向」を期待することは、不可能だからである。阿弥陀仏の「浄土」が、法蔵《ほうぞう》の真実にして清浄な心によってつくられている以上、凡夫の不真実にして不浄な心では、たどり着けるわけはない。人が発する「自力」は、すべて虚仮雑毒《こけぞうどく》に満ちている。その「自力」をもってしては、「浄土」に生まれることはできない。

こうした凡夫の悲しみに応じて、法蔵は自ら修めた功徳《くどく》のすべてを衆生《しゅじょう》に「回向」しようと決断する。しかも、その「回向」したいという心そのものをも与えるのである。それが「回向心を首として大悲心を成就することを得たまえる」ということなのである。「首として」というのは、そのことをなによりも優先して、第一義として、という意味である。阿弥陀仏の「大悲心」は、衆生に一切の功徳を与えたいという「回向心」、曾我《そが》の言葉でいえば「法蔵魂《ほうぞうだましい》」を第一として完成されている、というのである。

「信《しん》」巻《かん》では、右の「欲生」の説明文のあとに、「本願の欲生心成就の文」が引用される。さきに紹介した「本願信心の願成就の文」の続きである。

経に言《のたま》わく、「至心廻向したまえり。かの国に生れんと願《がん》ずれば、即ち往生を得《え》、不退《ふたい》転《てん》に住《じゆう》せんと。ただ五逆《ごぎやく》と誹謗正法《ひぼうしようぼう》とを除く」と（岩波本、九二頁）。

さきの紹介では、漢文だけを引用しておいた。その理由は、親鸞の訓読が普通とは異なるからであった。その異なる点が、右の文でははっきりと読みとれる。「至心廻向したまえり」である。

普通には、「至心に回向して」と、「回向」の主語は人間とする。しかし親鸞は、「回向」の主体はいつも阿弥陀仏であるから、「回向したまえり」と敬語を付す。

このことについて、別の文献では、親鸞はつぎのように説明している。「至心は、真実ということばなり、真実は阿弥陀如来の御こゝろなり。回向は、本願の名号をもて十方の衆生にあたえたまう御のりなり」（「一念多念文意」『定本親鸞聖人全集』ワイド版第三巻、一二七頁）。

「至心廻向したまえり」をどのように現代語に移すのか。「至心」は真実で、それは阿弥陀仏の心だということになると、如来そのもの、といってもよいのかもしれない。したがって、「阿弥陀仏が（私たちに）与えられた」となる。ではなにを与えられたのか。さきの文でいえば「利他真実の欲生心」であろう。いまだ迷いの世界にいる人々（「他」）を、済度《さいど》しようという「欲生心」のことである。

「至心」はさきにみたように、「名号」となっている。とすれば、「名号」を私たちに与えることによって、「浄土」を願う心を引き出そうとする、ということになる。つまり、阿弥陀仏が私たちに「名号」ないしは「欲生心」を与えた、ということによってはじめて私たちは、第一に「浄土」へ往生したいという願いをおこすのであり、第二に、もっと大切なことだが、他の人々を仏ならしめるためにはたらきかけるようになるのである。

だからこそ、親鸞は第十八願の「成就文」を二段に分けて引用したのであろう。くり返せば、一つは「本願信心の願成就の文」であり、二つは「本願の欲生心成就の文」である。この点について、曾我量深《そがりょうじん》はつぎのようにのべている。「至心・信楽・欲生とは何であるか(中略)至心・信楽は自ら救わるること、欲生は単に自分が救わるることだけでなく、救う仏と一つになり、救う力を感得する、本願の主になる、ここに現生不退《げんしょうふたい》があり、往相《おうそう》回向、還相《げんそう》回向があると思うのであります」(『教行信証内観』『曾我量深講義集』第四巻、一六頁)。

右の文中にある「現生不退」は、「正定聚《しょうじょうじゅ》」と同じで、念仏の力によってつぎは仏になることが定まった、ということを感じる境涯のこと。「証《しょう》」巻《かん》でとりあげる。

私は、曾我の解釈に賛成する。「南無阿弥陀仏」と称えることに、これだけの意味がふくまれているということは、そもそも「南無阿弥陀仏」自身が阿弥陀仏の活動する相だということがなければ生じない事柄なのであろう。

「金剛の真心」

親鸞は第十八願に記されている「至心《ししん》」、「信楽《しんぎょう》」、「欲生我国《よくしょうがこく》」の三つの心を、右のように解釈したのちに、つぎのように結ぶ。

信《まこと》に知んぬ、至心《ししん》・信楽《しんぎょう》・欲生《よくしょう》、その言《ことば》、異なりといえども、その意《こころ》これ一つなり。何を以ての故に、三心すでに疑蓋雑《ぎがいまじ》わることなし、かるがゆえに真実《しんじち》の一心なり。これを金剛《こんごう》の真心《しんしん》と名づく。金剛の真心、これを真実《しんじち》の信心と名づく。真実《しんじち》の信心は、必ず名号を具す。名号は必ずしも願力の信心を具せざるなり（岩波本、九四〜九五頁）。

第十八願に記されている「三心」は、言葉は違うが、「疑蓋」がまったく混じっていないという意味では「一つ」の「心」といえる。その「一心」を「真実の一心」といい、「金剛の真心」といい、「真実の信心」という、と。

この場合の「真実の信心」は、私たちがおこす「信心」ではない。称名という行の実践によって私たちの深層にある無意識に届けられる、いわば阿弥陀仏の心のことである。だからこそ、「真実の信心」には必ず「名号」が具わっている、と記されているのである。もし本願の裏づけのない名号だけならば、それは呪文に等しいことになる。

さらに親鸞は、このような「金剛の真心」は、従来の仏教の言葉でいえば、「菩提心《ぼだいしん》」に相当すると考える。「菩提心」の「菩提」とは「悟り」のことであるから、「菩提心」とは「悟り」を求める心、ということになろう。

なぜ、親鸞がここで「菩提心」に言及するのか。一つには、法然が「浄土宗」を宣言したとき、もっぱら「念仏」だけが強調されたために、それまでの仏教徒から、仏教の出発点は「悟り」を求めたいという「菩提心」にあるのであるから、それを否定するかの言説は、仏教といえるのか、という批判が生まれていたことがある。

こうした「浄土宗」に対する非難に対して、法然自身も「浄土宗のこころは、浄土にむまれんと願ずるを菩提心といえり」（「三部経大意」『法然　一遍』〈『日本思想大系』10〉、三八頁。原片仮名）と釈明している。親鸞もそれを受けて、「正像末法和《しょうじょうまつぼうわ》讃《さん》」の「左訓《さくん》」に、「弥陀の悲願を深く信じて仏にならんと願う心を菩提心と申すなり」（草稿本『定本親鸞聖人全集』第二巻和讃漢文篇、一四七頁。原仮名）と記しているほどなのである。

親鸞と法然の違いは、それまでの仏教に対する否定の度合いにあるように思われる。法然は、従来の仏教のすべてと決然と袂を分かち、「浄土宗」という新しい仏教の樹立に関心を集中させたが、親鸞は、「浄土宗」が仏教である、とりわけ仏教の正統であることを論証しようという意欲が強く、ややもすれば、法然が否定した「聖道門《しょうどうもん》」の枠組みを利用しようとする傾向がある。

「金剛の真心」をもって「菩提心」とみなす論法も、そうした傾向の一つと考えられるが、親鸞の意図は、「菩提心」には「竪《しゅ》」と「横《おう》」という区別があることをふれて、「金剛の真心」が「横」による「菩提心」であることを主張する点に目的があったといえよう。「竪」とは、それまでの仏教の「菩提心」をあらわす言葉であり、「自力の金剛心」とする。自力の修行を一段一段積み重ねすすむ様子が「竪」という言葉によってイメージされたのであろうか。一方、「横」とは、横ざまに超える、という意味からわかるように、従来の自力を積み重ねて「悟り」にいたるのではなく、阿弥陀仏の本願の力によって、一挙に、文字通り、横ざまに「悟り」に達しようとする道を指す。

さらに、「横」には「横超《おうちょう》」と「横出《おうしゅつ》」の二種があり、「横出」とは、第十八願以外の浄土仏教の教えによって「悟り」を得ようとする道であり、「横超」は、第十八願によって「悟り」に到達しようという道である。

「称名」によって「金剛の真心」を得る道は、まさしく「横超」の道であり、さらにつぎのようにのべられている。

金剛の真心を獲得《ぎやくとく》すれば、横《おう》に五趣八難《ごしゅはちなん》の道《どう》を超《こ》え、必ず現生《げんしょう》に十種の益《やく》を獲《う》（岩波本、九九頁）。

大事なことは、阿弥陀仏の本願力のはたらきが、ここでは「横超」と表現されていることだろう。さきにのべておいたように、かつて曇鸞《どんらん》は「他力《たりき》」という言葉を用いて「本願力」を表現しようとした。同じように親鸞は、「横超」という言葉でもって「本願力」のはたらきを示そうとしたのであろう。もっとも、「横超」という術語は、善導《ぜんどう》が用いた(この点、広瀬杲『観経疏に学ぶ』玄義分一、一五二頁参照)。

このように、親鸞は第十八願の「三心」を「金剛の真心」と称して、「一心」にまとめたが、第十八願の成就文の解釈においても、「一心」が強調されている。右の文の直前には、つぎのようにのべられている。

「一念」というは、信心《しんじん》二心なきが故に一念と曰《い》う、これを一心と名づく。一心は則ち清《しょう》浄報土《じょうほうど》の真因《しんいん》なり(岩波本、九八頁)。

ここでいわれている「一心」=「金剛の真心」については、別の箇所で十八にのぼる術語と同義語だという説明がなされている。

しかれば願成就《がんじょうじゅ》の「一念」は即ちこれ専心《せんしん》なり、専心は即ちこれ深心《じんしん》なり、深心は即ち

これ深信《じんしん》なり、深信は即ちこれ堅固深信《けんご》なり、堅固深信は即ちこれ決定心《けちじょうしん》なり、決定心は即ちこれ無上上心《むじょうじょうしん》なり、無上上心は即ちこれ真心《しんしん》なり、真心は即ちこれ相続心《そうぞくしん》なり、相続心は即ちこれ淳心《じゅんしん》なり、淳心は即ちこれ憶念《おくねん》なり、憶念は即ちこれ真実《しんじち》の一心なり、真実の一心は即ちこれ大慶喜心《だいきょうきしん》なり、大慶喜心は即ちこれ真実信心《しんじちしんじん》なり、真実信心は即ちこれ金剛心《こんごうしん》なり、金剛心は即ちこれ願作仏心《がんさぶつしん》なり、願作仏心は即ちこれ度衆生心《どしゆじょうしん》なり、度衆生心は即ちこれ衆生を摂取《しょうしゅ》して安楽浄土《あんらくじょうど》に生ぜしむる心《しん》なり。この心即ちこれ大菩提心《だいぼだいしん》なり、この心即ちこれ大慈悲心《だいじひしん》なり。この心即ちこれ無量光明慧《むりょうこうみょうえ》に由《よ》りて生ずるが故に（岩波本、九九頁）。

このような「大信心」であり「金剛の真心」を与えてくれる「名号」のはたらきを約束する本願について、親鸞は『楽邦文類《がくほうもんるい》』の「後序」からつぎの一文を引用する。

浄土を修《しゅ》する者つねに多けれども、その門を得て径《ただ》ちに造《いた》る者いくばくもなし。浄土を論ずる者つねに多けれども、その要《よう》を得て、直ちに指《おし》うる者あるいは寡《すくな》し。かつていまだ聞かず、自障自蔽《じしょうじへい》を以て説《せち》をなすことある者。得《う》るに因《よ》りて以てこれを言《い》う。それ自障は愛《あい》にしくなし、自蔽は疑《ぎ》にしくなし。ただ疑・愛の二心ついに障碍《しょうげ》なからしむるは、則ち浄土の一門なり。いまだ始めて間隔《けんきゃく》せず、弥陀の洪願《くがん》つねに自《おのずか》ら摂持《しょうじ》したまう。必然《ひちねん》の理《り》なり（岩波本、九七頁）。

右の文の「かつていまだ聞かず」からあとは少々わかりにくいであろう。およそつぎのような意味である。「自障自蔽」（「自ら悟りの道の妨げ」となり、「自ら正しい道をおおいかくす」、岩波本頭注）をもって説を立てたものは聞いたことがないが、今私は得るところがあるので、「自障自蔽」についてのべてみたい。「自障」とは「愛」＝「貪愛《とんあい》」のことで、はげしい執着心を意味する。「自蔽」は、「疑」をいう。

しかし、この「執着心」や「疑いの心」があっても、妨げにならないのが「浄土門」にほかならない。「貪愛」や「疑心」にとりつかれたものを分け隔てなく「悟り」へ導くのが阿弥陀仏であり、本願（「洪願」）がそのようなはたらきをするのは大慈悲心のためなのである。それこそが「理《り》」（断わり、道理）なのである、と。

私はこの一節を読むたびに、『徒然草』の第三十九段にある、法然の言葉を思い出す。それは、「疑いながらも念仏すれば往生す」である。ほかには、念仏する弟子が眠くなったときどうしたらよいかをたずねると、法然は「目の覚めたらんほど念仏したまえ」と教える。また、往生に関して、「往生は一定と思えば一定、不定と思えば不定なり」と答えたという（『方丈記　徒然草』新　日本古典文学大系39、岩波書店、一一六頁）。

注釈者は、「疑いながらも」の文は源信《げんしん》から来ているのではないか、と推測しているが、私は法然が『楽邦文類』も見ていた可能性が高いとも想像する。

ちなみに『楽邦文類』の刊行は一二〇〇年といわれている（石田充之『浄土教思想入門』、一六〇頁）。法然は一二一二年に亡くなった。

要は、人がいう、疑いがなくなって信が生まれたといっても、そのような信は、すぐにまた疑いにとりつかれる、危ういものであり、本願はそのような人間の心の動きを知っていて、人がいう疑いや信心とは別の次元で、「金剛の真心」が得られる手だてを講じているのであろう。それが「称名」にほかならない。

「真・仮・偽」

そして、このような「一心」の持ち主こそは、「真の仏弟子」（岩波本、一〇二頁）なのであり、「一心」を手にできないで、浄土を願うものは「仮《け》」（岩波本、一〇八頁）の仏弟子であり、また、浄土の教えとは遠い人々は「偽」（同上）の仏弟子だ、と親鸞はいう。彼らの動向については、「化身土《けしんど》」巻《かん》で論じられる。

興味深いことは、こうした「仮」や「偽」の仏弟子に言及したのちに、あたかも、自らが「真の仏弟子」であることにいかに困難を感じていたか、を示すかのような告白がなされていることであろう。

誠《まこと》に知《し》んぬ、悲しきかな愚禿鸞《ぐとくらん》、愛欲《あいよく》の広海《こうかい》に沈没《じんもち》し、名利《みようり》の太山《たいせん》に迷惑*して、定聚《じようじゆ》の数《かず》に入《い》る*ことを喜ばず、真証《しんしよう》の証《さとり》*に近づくことを快《たの》しまざることを、恥《は》づべし傷《いた》む*べしと（岩波本、一〇八頁）。

【大意】

本願と出遇うことによってはじめて分かった。私、愚禿親鸞は愛欲の広海に沈んだまま、また世間がいう名声や利益にこころをうばわれて、歩むべき道を見失っている。煩悩のままでも、称名をすればかならず浄土に生まれて仏になるということが定まっているにもかかわらず、そのことを喜ばないのだ。なんと恥かしいことであろうか、また痛ましいことではないか。

「**迷惑**」：道に迷うこと。／「**定聚の数に入る**」：正定聚の仲間に入ること。信心を得たものの境地で、つぎは浄土に生まれて仏になることが定まっていることを確信する。／「**真証の証**」：真実の悟りの証。浄土に生まれて仏になること。／「**傷む**」：いたましいこと。

私はこの一節を読むたびに、『歎異抄』の第九条に記されているつぎの一文を思いおこす。

よく〳〵案じみれば、天におどり、地におどるほどに、よろこぶべきことをよろこばぬにて、いよ〳〵往生は一定とおもいたまうべきなり。よろこぶべきこゝろをおさえて、よろこばせざるは煩悩《ぼんのう》の所為なり。しかるに仏かねてしろしめして、煩悩具足の凡夫《ぼんぶ》とおおせられたることなれば、他力《たりき》の悲願は、かくのごときのわれらがためなりけりとしられて、いよ〳〵たのもしくおぼゆるなり。また浄土へいそぎまいりたきこゝろのなくて、いさゝか所労のこともあれば、死なんずるやらんとこゝろぼそくおぼゆることも、煩悩の所為なり。久遠劫《くおんごう》よりいままで流転《るてん》せる苦悩の旧里《きゅうり》はすてがたく、いまだむまれざる安養《あんよう》の浄土はこいしからずそうろうこと、まことによく〳〵煩悩の興盛にそうろうにこそ（ちくま学芸文庫版『歎異抄』一一三〜一一四頁）。

つづいて、親鸞の筆は、第十八願に記されている「唯除《ゆいじょ》」とされている「難治《なんち》の機《き》」（仏教では救いがたい人々）に言及する。

「唯除」

第十八願の願文にも、その成就文《じょうじゅぶん》にも、「唯除五逆誹謗正法《ゆいじょごぎゃくひぼうしょうぼう》」という文字が加えられている。「五逆罪」と「正法」(仏教)を誹謗するものは、第十八願の対象外とする、といういわば除外規定である。「一切衆生《いっさいしゅじょう》」を仏ならしめると誓いながら、どうしてこのような除外規定があるのか。

「五逆罪」とは、母を殺す、父を殺す、聖者を殺す、仏身を傷つけて出血させる、僧侶たちの教団を破壊する、という五つの罪であり、「誹謗正法」とは、仏教をそしり、否定することをいう。

第十八願の意義をたからかに主張して「浄土宗」を樹立した法然は、この除外規定を無視する。第十八願の引用の際には、この箇所をひかない。理由は、第十八願の対象とする「一切衆生」とは、「諸仏の教化《きょうけ》にもれたる常没《じょうもつ》の衆生《しゅじょう》」(「四箇条問答」)を意味しており、そのなかには「五逆罪」を犯し、「正法」を「誹謗」するという罪を犯したものもふくまれているのであり、あらためて除外規定を用いる必要はない、という考えからである。

いわれてみれば、まことにその通りであろう。だが、それにしても、なぜ第十八願の本文はもとより、その成就を示す文章にも、わざわざこの除外規定が加えられているのであろうか。この疑問に、正面から取り組んだのが親鸞であった。

親鸞はまず、曇鸞《どんらん》と善導《ぜんどう》の説を紹介する。その詳細は省くが、結論は、除外すると示すことによって、「五逆罪」と「誹謗正法」がきわめて重い罪であることを知らしめているのであり、できうれば、そうした罪を犯すことのないようにという仏の配慮を示すもの、と考えられている。そして、かりにそうした重罪を犯しても、本人が阿弥陀仏の本願を信じれば、その重罪が妨げとなることなく、阿弥陀仏の浄土に生まれることができる、としている。「信《しん》」巻《かん》の言葉でいえば、「回心《えしん》すればみな往《ゆ》く」なのである。

これだけであれば、いかなる罪悪も「回心」すればみな許されるのだ、という一般的な理解にとどまって、願文からそれ以上のインパクトを見出すことはむつかしい。だが、この除外規定は、そのような一般論に終わる規定なのであろうか。

この点、親鸞は明らかに独自の解釈を試みている。つまり、曇鸞と善導の解釈を示すこと以上に、アジャセ王という、釈尊《しゃくそん》時代のインドに実在した大悪人の顛末《てんまつ》の紹介に頁を割いているのである。

アジャセ王は、古代インドの強国・マガダ国のビンビサーラ王の息子で、父王を殺害して王位を奪った人物である。彼が父王を殺害するにいたった背景には、釈尊の従弟であるダイバダッタの唆《そそのか》しがあったといわれている。その詳細は、『観無量寿経《かんむりょうじゅきょう》』と『涅槃経《ねはんぎょう》』に記されているが、親鸞は後者に登場するアジャセの話を「信」巻に引用する。

その要点は、父王を殺害した罪に苦しむアジャセが名臣のすすめで釈尊に遇い、釈尊の教えによって大罪の苦しみから救われたばかりか、仏の境地にまでいたる、というものだ。

つまり、アジャセは、自分の如き父を殺害したものが救われるということはありえない、と覚悟を決めた時、釈尊の教えがかえって身に染みて、教えに生きる身となることができたのである。第十八願の文言でいえば、自己を「唯除」の対象者と思い詰めた時、阿弥陀仏の慈悲が自分に及んでいることに気づくことができたのである。

要は自己を「除外」の対象者とみなすことによって、尋常な救済論では救われようがないという、切羽詰まった自己認識が生まれるという点が大事なのである。つまり、本願から除外されているという意識が、かえって第十八願のいう「一切衆生」がわがことであったと気づかせしめるのである。それまで漠然としていた「一切衆生」という言葉が、私一人を意味する言葉に置き換えられてくる。阿弥陀仏の慈悲が私のためにある、ということが実感できるようになってくるのだ。

本願の対象からも除かれているという絶望感を通して、第十八願が私のための誓いであったということを教える、それが「唯除」の規定ではないか。「除《のぞ》」かれるのは、私が犯した罪の為である。しかも、その罪は私の力では贖《あがな》うことができない。そこに絶望が生まれる。しかし、阿弥陀仏はその罪を問わない、という。罪を犯した人間にとって、その罪の軽重を問わないということは、どれほどの救いとなることか。ただ、本願を信じて念仏するだけでよいのだ。

まとめていえば、第十八願の教えが私のためにあったと実感できるためにこそ、一度、本願からも除外されているという自己認識が必要だということであろう。阿弥陀仏の本願に出遇うためにこそ、「唯除五逆誹謗正法」がおかれているのである。

しかし、「五逆罪」を犯した者には、その罪が実感できるであろうが、仏教を誹謗するということがそれ以上の罪悪感をもたらすということは、現代人には理解が難しいのではないか。だが、「正法」を「誹謗」するということこそ、現代人にはきわめて親しい罪ではないだろうか。

つまり、「無宗教」を標榜し、宗教的精神を迷信よばわりし、人が究極的に依拠できる真実などないというニヒリズムの横行こそが現代人の最大の精神的病巣であり、それが「誹謗正法」なのである。しかも、その病巣に気づいていないのである。その意味では、現代文明の恩恵を受けている私たちは、基本的に「除」の対象者なのである。だからこそ、自らを「除」の対象者と認識してはじめて、第十八願の普遍的慈悲の意義が分かるのであろう。

こうした点からいえば、第十八願は除外規定からよまれるべき文なのかもしれない。親鸞の「信」巻に記されている第十八願の解釈は、意外にも現代人のためにあるのではないだろうか、とさえ思われる。

なお、私自身は「唯除」の規定に対して、やや違った見方をしている。それは、念仏の根拠を第十七願に求めると、第十八願は阿弥陀仏の真実心が念仏者の無意識の世界に継続して流入することを約束する誓いだと考えられる。となると、称名とともに阿弥陀仏の真実心が私のなかに流入しているにもかかわらず、そのことに気づいていない状況が「唯除」の対象者なのではないか、ということだ。

つまり、阿弥陀仏の心が私に届いているにもかかわらず、そのことを疑い、否定するという愚かさを自覚せしめるきっかけが「唯除」の但し書きではないか、ということである。

また、「誹謗正法」については、仏教は本来「対機説法《たいきせっぽう》」（人ごとに教えを説くこと）であるから、Aという人物に説かれた内容と、Bという人に説かれた内容とは異なることが普通である。そのために、自分に説かれた内容だけが真実だとすると、他の人に説かれた内容は虚偽に映りかねない。そこに、他者を誹謗する余地がうまれやすいために、「誹謗正法」の罪をわざわざ説いておく必要があったのではないだろうか。

不可分の「行」と「信」

法然の第十八願を重視するいわば一願主義に対して、親鸞は第十七願と第十八願という二願主義を採用する。つまり、第十七願は念仏という行《ぎょう》の根拠として、第十八願は行によって生まれる「まことの心」（「大信心《だいしんじん》」、「金剛の真心《こんごうのしんしん》」）が念仏者に与えられる根拠として主張されている。法然が第十八願において、「行《ぎょう》」（「南無《なむ》阿弥陀仏」と称えること）と「信《しん》」（「まことの心」）の根拠を見出したのに対して、親鸞は第十七願と第十八願という二つの願に、それぞれ「行」と「信」の根拠を見出したのである。

世間では「浄土宗」は「行」を、「浄土真宗」では「信」を強調するという俗説が行われているが、法然と親鸞の教えからいえば、そうした区別は意味のないことであり、教団の商標登録の話でしかない。

大事なことは、念仏という行を阿弥陀仏から与えられることによって、阿弥陀仏の心が私に与えられるということであり、与えられた阿弥陀仏の心によって、凡夫《ぼんぷ》の私にも、かすかであっても慈悲の実践が生まれてくる、ということなのである。その慈悲の実践は、曾我量深《そがりようじん》によれば、人との違いが分かるようになり、同時に、人との共通点が見えてくる、ということにほかならない。自己中心主義に生きる私が、他人の価値を認め、同時に自他の共通性に自覚的になることは、大きな変化ではないのか。

もとより、凡夫の私であるから、私の意識に上がってくる慈悲の実践などたかがしれているし、またそうした経験もないうちに人生を終えることになるかもしれない。しかし、称名《しようみよう》という行は、確実に私たちの無意識の世界に阿弥陀仏の心を届けているのである。そのことを知ることだけでも、私たちは深い安心感を得ることができるのではないか。

念仏に疑義が生まれたときには、第十七願と第十八願を、出来れば、その成就文をくり返し読んでみるのも疑いを克服する道となるのではないだろうか。

第六章　「証」巻

二つの「回向」

「証」巻の目的は、さきの「信《しん》」巻《かん》で説かれた、称名《しょうみょう》によって念仏するものの深層意識に流入する阿弥陀仏の心（「金剛《こんごう》の真心《しんしん》」、「大信心《だいしんじん》」）が、どのようなはたらきをするかを明らかにする点にある。

この点で重要なことは、本文をつぎの一文で、その前と後に分けることであろう。その一文とは、「必至滅度《ひっしめつど》の願《がん》」とその成就文《じょうじゅぶん》に続いて引用される曇鸞《どんらん》、道綽《どうしゃく》、善導《ぜんどう》の論釈のあとに出る。

それ真宗《しんしゅう》の教《きょう》行《ぎょう》信《しん》証《しょう》を案ずれば、如来《にょらい》の大悲《だいひ》回《え》向《こう》の利益《りやく》なり。かるがゆえに、もしは因《いん》もしは果《か》、一事として阿弥陀如来の清浄願心《しょうじょうがんしん》の回向成就《えこうじょうじゅ》したまえるところにあらざることあることなし。因浄《いんじょう》なるが故に果また浄なり。知るべしとなり（岩波本、一四二〜一四三頁）。

なぜこの一文が大事かといえば、それは『教行信証』の冒頭に出てくる「真宗の大綱」を示すといわれる「謹んで浄土真宗を按《あん》ずるに、二種の廻向《えこう》あり。一つには往相《おうそう》、二つには還《げん》相《そう》なり。往相の廻向について真実《しんじち》の教行信証あり」（岩波本、一五頁）という文を受けているからである。

つまり、『教行信証』は、まず「往相の回向」について、ここまで「教」・「行」・「信」・「証」のそれぞれについて説明がなされてきたが、右の一文でその説明が終了したことが述べられているのである。

そして、つぎは「還相回向」の説明に入るというのである。したがって、「証」巻の本文では、「二つに還相の回向と言うは」とはじまる。この「二つに」は、冒頭の「一つには往相、二つには還相なり」を受けているのである。

現代の書物の体裁からいえば、ここではっきりと叙述上も章を別に建てるとか、その区別が明確になされてもいいはずだが、親鸞はそれをせずに、「証」巻の、しかも、その途中で唐突にも、その区切りを示すのである。その意図はどこにあるのか。

一言でいえば、これからのべられる「正定聚《しょうじょうじゅ》」と「還相菩薩」がともに「証」の内容となるのだが、「正定聚」は「往相」に属することであり、「還相菩薩」は、浄土に生まれて仏になった後の活動であることをはっきり区別するためであろう。

それにしても、これを機会に再度、確認する必要があるのは、親鸞の思考においては、私が浄土に生まれて仏になることも、仏になったあとに慈悲行を実践することも、ともに阿弥陀仏の「回向」による、と考えられていることである。

そもそも「回向」という言葉がすでに見てきたように、その主語は阿弥陀仏であって、人間の行為ではない。私が本願を信じて念仏するようになるのも、それは阿弥陀仏の「回向」のおかげなのである。私は私の決断において本願を信じるようになるのだが、信じて称名の暮らしが始まると、そうした暮らしが阿弥陀仏の「回向」なしには成立しないことが分かってくる。それが「他力回向」の「信心《しんじん》」（まことのこころ）に生きる、という事態なのである。この「他力回向」の論理を了解できないと、これからの叙述はとてもむつかしいことになろう。

「正定聚」

阿弥陀仏が私たちに称名《しょうみょう》を通じて、その心を伝えるのは、ひとえに私たちを仏たらしめるためである。称名をするという行為は、その仏になるという目標に向かって歩きはじめていることを示す。その完成は、私たちがその肉体を捨てて、完全に煩悩《ぼんのう》から解放されたときであるが、しかし、その途中においても、すでに仏になるための道を歩んでいる以上、仏のはたらきがあらわれてくる。

もとより、あらわれてくるといっても、煩悩に妨げられるから、まことに微々たることであろう。また人によれば、称名の暮らしが続いても、そのしるしがほとんど自覚できないこともあろう。それは、その人それぞれに背負っている業《ごう》のなせるところであって、失望することではない。およそ、称名の暮らしにおいては、失望とか絶望が力をふるうことはない。

親鸞がすでに「信《しん》」巻《かん》で強調している「正《しょう》定《じょう》聚《じゅ》」は、こうした称名の歩みのなかで生まれる「心境」である。「心境」とは、曾《そ》我量深《がりょうじん》が『法蔵菩薩《ほうぞうぼさつ》』のなかで、禅宗がいう「さとり」も真宗がいう「正定聚」も、ともに「一つの心境だ」と説明していることに由来する（『法蔵菩薩』、一四一頁）。私がこの曾我の言葉に関心をもつのは、「心境」は神秘体験ではない、ということを意味しているからだ。つまり、「正定聚」の理解がややもすれば、不思議な神秘体験であるかのような誤解が生じやすいからにほかならない。

私なりの理解でいえば、「正定聚」の境地とは、本願《ほんがん》念仏によって生きてゆくと、「立脚点」が得られたという安心感が生まれるが、その安心感をさすといってもよいのであろう。

ただ、親鸞は「正定聚」の仲間に入ることを、これから紹介するように、伝統的な仏教の修行のカリキュラムを使って説明するから、とても凡夫《ぼんぷ》にはむつかしい特別の境地であるかのような錯覚を受けがちであり、特別の精神状態になることだと誤解しがちであるから、「正定聚」の説明に入る前に、あらかじめ読者の注意をよびおこしておきたいのである。

「第十一願」

称名《しょうみょう》によって私たちの無意識の世界に届いた「まことのこころ」が、「滅度《めつど》」とか「無《む》上涅槃《じょうねはん》」、あるいは「法性《ほっしょう》」とよばれる「悟り」として開花することを保証する根拠は、『無量寿経』にある四十八の本願《ほんがん》中の第十一願にある。第十一願はいう。

「たとい我れ仏《ぶつ》を得《え》たらんに、国《くに》の中《うち》の人天《にんでん》、定聚《じょうじゅ》に住《じゅう》し、必《かなら》ず滅度《めちど》に至らずは、正覚《しょうがく》を取らじ」と（岩波本、一三九頁）。

意味は、つぎの通り。「もし私が仏になれば、私の国の住人たちが、次は、仏になることが定まっている位（「定聚」）に就いて、必ず「悟り」（「滅度」）を得るようにしたい。そうでなければ私は仏にはなりません」（ちくま学芸文庫版『無量寿経』、一五八頁、一部補う）。「定聚」とは「正定聚《しょうじょうじゅ》」の略語。「聚」は輩《ともがら》、仲間。仏道修行には伝統的に五十二段階があるが、「定聚」は、その第四十一番目にあたるという。修行者はこの位に到達すると「聖者」とよばれて、将来必ず仏になることが定まる、とされる。つづいて、この願いが実現したことを示す成就文《じょうじゅぶん》が引用される。

「それ衆生《しゅじょう》ありて、かの国に生《うま》るれば、皆ことごとく正定の聚に住《じゅう》す。所以《ゆえ》はいかん、かの仏国《ぶっこく》の中《うち》には、もろもろの邪聚《じゃじゅ》および不定聚《ふじょうじゅ》なければなり」と（岩波本、一三九〜一四〇頁）。

第十一願の願文では、阿弥陀仏の国に生まれたものは必ず「滅度」（悟り）にいたることが約束されており、その成就文では、阿弥陀仏の国に生まれる者はすべて「正定聚」に住することが強調されている。

成就文では、「滅度」ではなく、なぜ「正定聚」が強調されているのか。それは、一つには、「正定聚」がまちがいなく確実に「滅度」にいたる存在だからであり、二つには、成就文がこの世に生きている私たちを対象によびかけている文である以上、「滅度」という高尚な「悟り」を強調するよりは、「正定聚」というあり方を強調する方が分かりやすい、という配慮もあるのであろう。

しかし、問題は、第十一願の願文にせよ、成就文にせよ、普通に読めば、「定聚」はすでに阿弥陀仏の国の住人であり、その住人がかならず「滅度」に達することが誓われている。

つまり、「正定聚」とよばれる人々は、現世の存在ではなく、阿弥陀仏の国、つまり浄土にすでに生まれている存在なのである。にもかかわらず、親鸞は「証《しょう》」巻《かん》のはじめで、つぎのように、念仏の行者は現世で「正定聚」に入ると主張している。

> **煩悩成就《ぼんのうじょうじゅ》の凡夫《ぼんぶ》、生死罪濁《しょうじざいじょく》の群萌《ぐんもう》、往相回向《おうそうえこう》の心行《しんぎょう》*を獲《う》れば、即《そく》の時に大乗正定聚《だいじょうしょうじょうじゅ》の数に入《い》るなり**（岩波本、一三九頁）。

平たくいえば、本願《ほんがん》を信じて念仏をするようになると、即刻、「正定聚」の仲間入りをする、というのである。浄土に生まれることを待つ必要はない、ということであろう。しかし、くり返していえば、その根拠として親鸞が引用する第十一願とその成就文によれば、「定聚」は、すでに浄土に生まれた人を指しており、現世の念仏者ではない。これは矛盾ではないのか。

親鸞自身も、そうした疑問が生まれることを予想してか、『無量寿経』の第十一願の願文と成就文だけではなく、『無量寿経』の異訳である『無量寿如来会《にょらいえ》』の願文とその成就文も

「往相回向の心行」：浄土に生まれるための称名という行がもたらす、まことのこころ。

あわせて引用している。そして、その成就文を見ると、「正定聚」が浄土に生まれた人間のみならず、現世で本願念仏を信じて称名するものにもあてはまることが記されていることが分かる。いわく、

「かの国の衆生、もしまさに生れん者、皆ことごとく無上菩提《むじょうぼだい》を究竟《くきょう》し、涅槃《ねはん》のところに到らしめん。何を以ての故に、もし邪定聚《じゃじょうじゅ》*および不定聚*は、かの因を建立《こんりゅう》せることを了知《りょうち》することあたわざるが故なり」と（岩波本、一四〇頁）。

ここには、明らかに「かの国の衆生」（すでに浄土に生まれている者たち）と「まさに生れん者」（これから浄土に生まれようとしている現世の念仏者たち）の二者が「正定聚」であることが示されている。

この文面には「正定聚」という言葉はない。しかし、文全体の意味からいえば、阿弥陀仏の本願のいわれを了解していない「邪定聚」と「不定聚」のものは阿弥陀仏の国に生まれることができない、とのべられているのであり、それは言葉を換えれば、「正定聚」のものだけが浄土に生まれる、ということになろう。

では肝心の『無量寿経』の第十一願、とくにその成就文は、どのように理解すればよいのか。くり返すが、これらの文では、「正定聚」に住するためには、阿弥陀仏の国に生まれて

いなければならない、とされている。

この点、親鸞は別のところでこの箇所に関してつぎのように解説している。

大経往生《だいきょうおうじょう》というは、如来選択《にょらいせんちゃく》の本願、不可思議《ふかしぎ》の願海《がんかい》、これを他力ともうす。これすなわち念仏往生《ねんぶつおうじょう》の願因《がんいん》によりて、必至滅度《ひっしめつど》の願果《がんか》をうるなり。現生《げんしょう》に正定聚のくらいに住して、かならず真実報土《しんじつほうど》にいたる。云々（「浄土三経往生文類」略本『定本親鸞聖人全集』ワイド版第三巻、三頁）。

右の文の「現生」の文字には、「このよをいう」とわざわざ左訓《さくん》が付されている。つまり、「正定聚」は、現世で成立するということであり、それは親鸞の浄土思想の核心部分ともいわれている。そうであればあるほど、『無量寿経』の第十一願とその成就文はどのように理

「邪定聚」：第十九願の対象になる人間のこと。聚は仲間。正定聚からみてけなした言葉。自力の修行によって浄土に生まれようとするのは、第十八願からすれば、間違っているので邪といわれる。／「不定聚」：第二十願の対象になる人間のこと。真心を込めて念仏をするが、それが自力の故に間違いとされる。念仏は正しいが、称する人間が間違っている、とする。化土往生といわれる。

解すればよいのか。

この点、星野元豊《ほしのげんぽう》は「浄土に往生する」という際の「往生」について、それは死後のことではなく、信心を得るという「回心《えしん》」(精神的新生)に即した事態、と理解すべきだと主張している。つまり、現実の肉体の喪失が「往生」の条件ではなく、信心を得たという自覚(「回心」)によって新しい精神世界が開かれることが「往生」ということなのだ、と(『講解教行信証』信証の巻、一一二六〜一一二九頁)。

言葉を足していえば、つぎのようにいえよう。「浄土に往生する」といえば、普通には肉体を捨てた死後のことと考えられる。だが、それは、仏教の教えにしたがった考え方ではなく、いわば日常を支配している「自然宗教」的な常識の判断なのである。つまり、「自然宗教」でいう「この世」と「あの世」の区別を仏教にも当てはめて、「浄土」を「あの世」だと思いこんでいるのである。

だが、仏教によれば、大事なことは「生死《しょうじ》の世界」、「六道《ろくどう》の世界」を脱出して「悟りの世界」に入ることである。そのためには、肉体は煩悩《ぼんのう》の巣窟として否定的に見られるが、大事なことは「真実の智慧《ちえ》」に目覚めることである。その「智慧」は、精神的に得られるものであって、肉体の亡失は二義的となる。だから、仏教では自殺はなにも解決したことにはならない。「死ねばすべては終わりだ」という考え方も、解決にはならない。

つまり、本願のいわれに納得して「南無阿弥陀仏」と称名するとき、阿弥陀仏は私のなかではたらくのであるから、私は煩悩の身のままで仏道を歩みはじめることになる。もとより、称名の暮らしの第一歩から、そうした安心感が生まれるわけはなく、長い時間が必要になるが、論理的には、称名は阿弥陀仏とともにあることを意味するから、仏になるための道を歩んでいることになる。そのことに気づいたとき、「正定聚」の仲間に入ったということが肯定される。このように「往生」とは、肉体的死を意味するのではなく、仏教の真理に目覚めることを意味する。

くり返せば、「往生」は肉体的な死を媒介にするのではなく、阿弥陀仏の本願に納得した時点で生まれる、いわば新しい生命の自覚ということになるであろう。肉体をもちながら、精神はすでに完全な智慧の開花をめざして歩み始めているのである。大事なことは、その〈仏になるための歩み〉にあるのであり、私の肉体の死は、その歩みのなかで生まれる一つの出来事なのである。

「不断煩悩得涅槃分」

「南無《なむ》阿弥陀仏」と口に称えることによって、阿弥陀仏が私のなかではたらくようになると、仏教の修行の階梯からいえば、「正定聚《しょうじょうじゅ》」の仲間に入ったという安心が生まれる、といえる。また、煩悩《ぼんのう》をもつ凡夫《ぼんぷ》という現実の私からいうと、煩悩をもったまま「悟り」への道を

歩むということでもある。そのことを示すのが、曇鸞《どんらん》の『往生論註《おうじょうろんちゅう》』からのつぎの一文の引用であろう。いわく、

凡夫人《ぼんぶにん》の煩悩成就《ぼんのうじょうじゅ》せるありて、またかの浄土に生《うま》るることを得《う》れば、三界《さんがい》の繋業畢竟《けごうひちきょう》じて牽《ひ》かず。則ちこれ煩悩を断《だん》ぜずして涅槃分《ねはんぶん》を得《う》、いずくんぞ思議《しぎ》すべきや（岩波本、一四一頁）。

漢文でいえば、「不断煩悩得涅槃分《ふだんぼんのうとくねはんぶん》」である。「不断」の「断」は完全になくする、ということではなく「はたらきをとめる」ことだとされている（早島鏡正他『浄土論註』、二七〇頁）。つまり、煩悩のはたらきをとめることなく、「涅槃分」を得る、というのだ。「涅槃」は仏教徒の究極の目標である「悟り」であるが、この言葉に「分」という文字がついている。学者によって意見は分かれるが、「分」には「一部分」の意味と「そのもの」という意味があるという。大方は「涅槃そのもの」という意味だといわれているが、私は「一部分」でもよいのではないか、と考える。「涅槃」そのものを得るのは「浄土」において仏になるときなのであり、凡夫の身では、「涅槃」のにおいをかぐのがせいぜいではないのか。「正定聚《しょうじょうじゅ》」が、つぎは「仏」と決まっているという安心感を意味するのであるとしたら、ここでも「涅槃のにおい」くらいの方が現実味があるように思う。

いずれにしても、名号《みょうごう》となっている阿弥陀仏は、その名を称えるものに、仏の心を与えるのであり、その全面開花は、肉体を棄てた浄土においてであるが、称名の功徳は、凡夫にも深い安心感としてはたらく、という確認がこれらの議論のねらいではないか。

では、浄土に生まれて仏になったときには、どのようなはたらきが生まれるのであろうか。凡夫には想像だにできないことであるが、経典や論の助けを借りて、親鸞は一つのイメージを私たちに提供しようとする。

「仏」のイメージ

浄土に生まれると、私たちは仏になるという。では、仏とはどのような存在なのか。だが、凡夫《ぼんぶ》の立場からその答えを見出すことは不可能といわねばならない。にもかかわらず、親鸞は仏とはなにかについて、そのイメージを明らかにしようとつとめる。その理由は、おそらく、念仏という仏道の行き着く先を明らかにすることによって、現世での生き方に希望を与えるためではないか。

もとより、死後のことは所詮、詮索のしようがないことである。しかし、死後の世界についてどのようなイメージを持つかは、現実の生き方に少なからず影響を与える。つまり、人生を死で終わりとするのではなく、死んだ後にまで時間軸を拡大してみることは、生を誕生からはじめるのではなく、誕生以前の前世を想定することと同じように、現実に生じるさまざまな矛盾や不条理を納得するためには有益な視点を提供してくれるのである。それはまさしく「大きな物語」の特徴にほかならない。

では、親鸞は仏について、どのようなイメージをもっていたのであろうか。結論をさきにいっておけば、仏になるとは、一切の人々を仏にならしめるはたらきが自由自在に実践できるようになることなのである。ただし、このようなはたらきができるのは、阿弥陀仏の浄土に生まれることが必須条件となる。阿弥陀仏の国に生まれて、阿弥陀仏を目の当たりに見ることによってはじめて、このようなはたらきが可能となる、という。

大事なことは、阿弥陀仏の国に生まれることが仏になる上では不可欠なのであり、浄土で仏になって、一切の人々を苦しみの世界から救い出して彼らを仏にならしめるはたらきをするのも、阿弥陀仏の力による、ということなのである。

くり返せば、親鸞にとって、仏とは極楽で苦から解放された理想的な暮らしを楽しむという、俗世間で想像されているような要素はまったくなく、仏になるとは一切衆生《いっさいしゅじょう》を仏たらしめるはたらきをする、という一点に尽きている。もっといえば、浄土に生まれて仏になるのは、一切衆生を苦しみの世界から救い出して仏にならしめるというはたらきが自在になるためなのである。

こうしたはたらきを親鸞は曇鸞《どんらん》の言葉を用いて「還相《げんそう》」の活動とよぶ。「還相」の「還」

とは、「円をえがいてもとへもどる」、あるいは、「いったものがもとの場所へもどる」（『漢字源』）ということであり、「相」は姿、形のことである。つまり、浄土に往生したものが、仏となって現世に戻ってきて、衆生を仏たらしめようと活動することをいう。

つまり、親鸞にとって、仏になるとは「還相」の活動が自由自在に実現できる、ということなのであり、この「還相」の活動をおいてほかに仏のすがたはないのである。親鸞が、あるいは曇鸞がどうしてこのような「還相」の活動にこだわりつづけたのか、それは一言でいえば、それが仏教だからなのであろう。またのちに論じてみたい。

「還相」の根拠

さて、本文に即して見てみよう。例によって、親鸞は「還相《げんそう》」の活動の根拠を第二十二願に求める。まず原文の読み下し文を紹介しておこう（傍線部分は後で論じる箇所、ここでは無視して読んでみてください）。

「たとえわれ仏《ぶつ》を得《え》たらんに、他方仏土《たほうぶつど》のもろもろの菩薩衆《ぼさつしゅ》、わが国に来生《らいしょう》して究竟《くきょう》じて*必ず一生補処《いちしょうふしょ》*に至らん。その本願《ほんがん》の自在の所化《しょけ》*、衆生《しゅじょう》のための故に、弘誓《ぐぜい》の鎧《よろい》*をきて徳本《とくほん》を積累《しゃくるい》*し、一切を度脱《どだち》*せしめ、諸仏の国に遊びて、菩薩の行《ぎょう》を修《しゅ》し、十方の諸仏如来《しょぶつにょらい》を供《く》養《よう》し、恒沙無量《ごうじゃむりょう》の衆生を開化《かいけ》して無上正真《むじょうしょうしん》の道《どう》*を立せしめんをば除く。常倫《じょうりん》*に超出《ちょうしゅつ》し、諸《しょ》地《じ》の行《ぎょう》*現前《げんぜん》し普賢《ふげん》の徳《とく》*を修習《しゅしゅう》せん。もししからずは正覚《しょうがく》を取らじ」と（岩波本、一四五頁）。

【現代語訳】

「もし私が仏となるなら、他方の仏土からたくさんの菩薩たちが私の国に生まれ来って、つまるところ必ず（菩薩の究竟位たる）一生補処に至るであろう。ただ、その菩薩の（特別の）本願によって、おもいのままに衆生を教化しようとし、広大な誓願の鎧を身にまとい、善根功徳をつみかさね、すべてのものを救い、諸仏の国に遊行して菩薩の行を修習して、十方の（国土）の諸仏如来を供養し、はかりしれぬ数の衆生を開化して、無上の正真《さとり》へいたる道を立たしめようとするものはその願いのままにあらしめよう。（これらの菩薩は）常なみの（菩薩の）倫《みち》を超え出《いで》て、諸地の修行をことごとく実現し、普賢（菩薩の大悲の行）の功徳を修習するであろう。もしそうでなかったら正覚をとるまい」と（『解読浄土論註』巻下、一〇二～一〇三頁）。

この第二十二願の読み方については議論がある。つまり、傍線部分に示されている部分は、漢文ではつぎのように記されている。「除其本願　自在所化　為衆生故　被弘誓鎧　積累徳本　度脱一切　遊諸仏国　修菩薩行　供養十方　諸仏如来　開化恒沙　無量衆生　使立無上正真之道」。訳文の「その願いのままにあらしめよう」というのが、「除」に相当する。ただし、冒頭の「除」の範囲をさらにつぎの文まで及ぶとする読み方もある。つまり、右の文に続く「超出常倫　諸地之行現前　修習普賢之徳」まで、とする。

後者の読み方では、浄土に生まれる菩薩はすべて「一生補処」という菩薩の最高位に達することを約束した上で、あえてその最高位に入ることを拒む菩薩たちに対して、「普賢の徳」の実践者だと励ます。

一方、前者では「一生補処」に自らの意志で入らない菩薩たちだが、浄土に生まれてきた以上は、「普賢の徳」（慈悲の実践）が身につくようにする、と約束している。

「**究竟じて**」：「究竟」は「ついに」とか「最後に」という意味。／「**一生補処**」：つぎは仏になるだけという菩薩の最高の地位。／「**所化**」：利益に導くこと。／「**弘誓の鎧**」：誓願という鎧を着て。／「**徳本を積累し**」：善根功徳を積み重ねて。／「**度脱**」：解脱すること、「悟り」にいたらしめること。／「**無上正真の道**」：最高の「悟り」にいたる道。／「**常倫**」：仏教界で常識になっている修行の階梯。「倫」は道のこと。／「**諸地の行**」：「地」は菩薩の修行階梯。菩薩の修行のカリキュラムのそれぞれの行。／「**普賢の徳**」：「普」は真理がすべての所に遍満していること。また一切衆生の求めに応じて悟りにいたる手立てを尽くすこと。このような活動をするものを普賢菩薩という。慈悲のきわまりを実践すること。

この二つの読み方の違いについては、「除」の範囲が文章のどこまでかかるのか、という議論になるが、詳しくは拙著『無量寿経』（ちくま学芸文庫）を見ていただきたい。

大事なことは、阿弥陀仏の国に生まれてくるものはすべて「一生補処」という、仏になる直前の位にいたらしめる、と約束しながら、それをのぞまないものがいることを明かしている点である。もっといえば、傍線を施されている活動をしている菩薩たちこそが、『無量寿経』の作者たちにとっては、仏教徒としては望ましいあり方だとのべている点なのである。

もう少し説明をしよう。「一生補処」という用語はむつかしそうだが、仏教の修行の階梯において、つぎはかならず仏になるという、いわば修行の完成段階をさす。しかし、ここで言及されている菩薩たちは、そうした名誉ある位に就くよりも、衆生を開化せしめるはたらきに随いたいという願いをもっているのであり、第二十二願は、そうした願いをもつ菩薩たちに、「普賢の徳」が身につくようにする、と約束しているのである。

もともと、『無量寿経』によると、釈尊の説教を聞きに集まった人々のなかに、多数の菩薩たちもいた。すでに仏教の修行も進み、人々の救済にも力を発揮している菩薩たちがなぜあらためて釈尊の説法を聞こうとするのか。ここに、この経典の編纂された意図の一部が隠されていると思われるのだが、一言でいえば、菩薩の段階では、まだ自在な衆生救済が不可能だという一面があるということなのである。

簡単にいえば、菩薩といえども修行の過程で、どうしても超えなければならない壁があるといわれており、その壁を乗り超えるためには、生きた仏に遇わねばならない。だが、生きている仏は、大乗仏教の世界観からいえば、現在では阿弥陀仏しかいないのであり、したがって阿弥陀仏に遇うためには、阿弥陀仏の国である浄土に生まれるしかない。そこで阿弥陀仏を日の当たりに見ることによって、その心境が著しい深まりを見せて仏になることができる、とされている。

こうした前提があって、菩薩たちは阿弥陀仏の国に生まれてくるのである。しかし、右に見たように、菩薩たちのなかには、浄土に生まれてきて阿弥陀仏に見《まみ》えるや否や、「一生補処」という名誉ある地位にとどまって、涅槃を目指すのではなく、娑婆世界《しゃばせかい》に戻って一切衆生を度するために活動したい、と願うものもいる。『無量寿経』の作者たちは、涅槃に入るよりも衆生済度《しゅじょうさいど》に生きようとする菩薩たちこそが、仏教徒の理想像だと考えていたと思われる。

とりわけ、こうした菩薩たちは阿弥陀仏の浄土に生まれることによって、阿弥陀仏から「普賢の徳」の実践を保証されるのである。仏と同じ慈悲行《じひぎょう》が、阿弥陀仏の本願の力を得て可能となる。つまり、「一生補処」から「涅槃」（さとり）に達する道もあるが、あえて衆生済度に挺身する道が開かれたのである。それは阿弥陀仏の本願の力に支えられた慈悲行にほかならない。

誤解をおそれずにいえば、この願においては「仏」になるよりも、その一歩手前の「菩薩」であり続けることが理想とされているのであり、このような菩薩こそが「還相」の菩薩にほかならない。いや、「仏」とは「還相の菩薩」以外にありえない、という考え方が濃厚に表現されているのではないか。少なくとも、親鸞においては、「仏」とは「還相の菩薩」にほかならないのである。

ところで、『無量寿経』に示されている四十八願《しじゅうはちがん》のなかで、こうした除外の規定をもっている願は、「第十八願」と「第二十二願」である。「第十八願」では、「唯除五逆誹謗正法《ゆいじょごぎゃくひぼうしょうぼう》」と記されている。しかし、ここで除外されている対象こそが第十八願の目当てであることが親鸞によって明らかにされている。同じように、第二十二願においても、傍線に示された活動を行うことこそが、阿弥陀仏の本願にかなった活動であることを、親鸞は示そうとしたのではないか。

もとよりいずれの場合も、阿弥陀仏の本願の力によってはじめて可能となる行為だといえよう。第十八願でいえば、本願のはたらきによって悪人こそが成仏の近道を歩めるのであり、第二十二願でいえば、「仏願力に縁るが故に、常倫に超出し、諸地の行現前し、普賢の徳を修習せん」のであり、このような衆生救済のはたらきに邁進する菩薩たちこそが、仏教徒の理想像と仰がれるようになったのである。

「還相」の活動

では、浄土に生まれた菩薩たちは（私たち凡夫《ぼんぷ》もふくめて）、どのようにして仏と等しい慈《じ》悲行《ひぎょう》（「普賢《ふげん》の徳《とく》」）を実践できる力を身につけるのであろうか。「還相《げんそう》」の活動が生まれる仕組みとはどのようになっているのか。親鸞が引用する曇鸞《どんらん》のつぎの文章が、そのことをよく示している。説明上、引用文を四つに分ける。また詳細にわたる部分は中略としている。

また言《いわ》く*、「「即ちかの仏《ぶつ》を見たてまつれば、未証浄心《みしょうじょうしん》の菩薩*、畢竟《ひちきょう》じて*平等法身《びょうどうほうしん》を得《とく》証《しょう》す。浄心《じょうしん》の菩薩と、上地《じょうじ》のもろもろの菩薩と、畢竟じて同じく寂滅平等《じゃくめちびょうどう》*を得るが故に」とのたまえり。平等法身*とは八地《はちじ》已上法性生身《いじょうほうしょうしょうじん》*の菩薩なり（以下略）」」（岩波本、一四三頁）。

【現代語訳】

『浄土論』によれば、「浄土の仏を見たてまつれば、まだ浄心を証せぬ菩薩もかならず（畢竟）平等なる法身をうることができ、浄心の菩薩と上地の菩薩とに同じく、とこしえに（畢竟）寂滅平等（の法）を得せしめられるのである。平等法身とは八地以上の法性を

（具現した）生身の菩薩のことである（『解読浄土論註』巻下、九六頁）。

この菩薩は報生三昧《ほうしょうさんまい》*を得《う》。三昧神力《じんりき》を以て、よく一処《いちしょ》・一念《いちねん》・一時《いちじ》に、十方世界に遍《へん》じて、種種《しゅじゅ》に一切諸仏および諸仏大会衆海《しょぶつだいえしゅかい》を供養《くよう》す。よく無量世界《むりょうせかい》に仏法僧《ぶっぽうそう》ましまさぬところにして、種種に示現《じげん》し、種種に一切衆生を教化《きょうけ》し度脱《どだち》して、常に仏事をなす。初めに往来の想《おもい》、供養の想、度脱《どだち》の想なし。この故にこの身《しん》を名《な》づけて平等法身《びょうどうほうしん》とす、この法《ほう》を名づけて寂滅平等《じゃくめつびょうどう》の法《ほう》とす（岩波本、一四三〜一四四頁）。

【現代語訳】

この菩薩は、報生三昧を得て、この三昧の威大な力によって、よく一つところにありながらひとおもい、ひとときの間に十方世界に遍じ、すべての諸仏及び諸仏のみもとに海のごとく集まった（菩薩の）大衆をいろいろに供養し、（また）よく無量なる世界の仏法僧の無い処にいたって種々に（三宝を）あらわし、あらゆる衆生を種々に教化し度脱するのである。（しかもこのように）常に仏のいとなみをなしながら、初めから往ったり来たりするという思い、供養をしようという思い、度脱しようとする思いがないのである。だからこのような身を平等法身と名づけ、このような法を寂滅平等の法と名づけるのである（同前）。

未証浄心《みしょうじょうしん》の菩薩とは初地《しょじ》已上七地《いじょうしちじ》以還《いげん》のもろもろの菩薩なり。この菩薩、またよく身を現ずること、もしは百、もしは千、もしは万、もしは億、もしは百千万億、無仏《むぶつ》の国土にして仏事を施作《せさ》す。要《かなら》ず心を作《な》して三昧《さんまい》に入《い》りて、いましよく作心《さしん》*せざるにあらず。作心

「また言く」：世親《せしん》の『浄土論《じょうどろん》』で述べられていること。／「未証浄心の菩薩」：まだ「浄心」（のちに説明する）を得ていない菩薩のこと。「初地《しょじ》」から「第七地《だいしちじ》」までの階梯にある菩薩（凡夫もふくむ）。／「畢竟じて」：最終的に。／「寂滅平等」：「寂滅」は悟りから見られた一切のもののすがた。「平等」は煩悩を脱している点で等しいこと。／「平等法身」と「法性生身」：「平等法身」は「第八地《だいはちじ》」以上の菩薩のこと。「法性」（真理）を体得している「生身《じょうしん》」とされる。なぜ「生身」というのか。すでに紹介しておいたが、くり返すと、仏教では「生身」には二義あるとする。一つは生まれながらの身体、二つは諸仏菩薩が衆生済度のために特別の力によってかりにあらわす肉身のこと（『広説仏教語大辞典』）。ここは後者の意味。「第八地」以上の菩薩は、私たちを苦しめる煩悩をすでに断じていて、肉体をも捨てているが、衆生教化のために、かりに生きているかのような肉身をあえて保っているから「生身」と表現される。

「報生三昧」：「法性生身の果報」として得られる「任運無功用なる三昧」（『解読浄土論註』、三二三頁）。「任運」は、自然のままに、ということ。「無功用」は、意志的努力を加えないこと（『広説仏教語大辞典』）。

を以ての故に、名づけて未証浄心とす（岩波本、一四四頁）。

【現代語訳】

まだ浄心を証せぬ菩薩とは、初地以上七地までの諸の菩薩である。この菩薩もまたよく身をあらわして、あるいは百の、あるいは千の、あるいは万の、あるいは億の、あるいは百千万億の仏ましまさぬ国土にいたって仏のいとなみをなすのであるが、（その場合）かならずそうしようという（分別の）心をおこさないでもよいのではない。なそうとする（分別の）心をおこすから、いまだ浄心を得ずというのである（同前）。

この菩薩、安楽浄土《あんらくじょうど》に生れて即ち阿弥陀仏を見《み》んと願《がん》ず。阿弥陀仏を見る時、上地《じょうじ》のもろもろの菩薩と畢竟《ひちきょう》じて身等《しんひと》しく、法等《ほうひと》しと。竜樹《りゅうじゅ》菩薩*・婆藪槃頭《ばそばんず》菩薩*のともがら、かしこに生れんと願ずるは、まさにこのためなるべくならくのみと（岩波本、一四四頁）。

【現代語訳】

この菩薩は、安楽浄土に生まれたいと願えば、たちどころに阿弥陀仏を見たてまつる。（そして）阿弥陀仏を見たてまつる時、上地の菩薩ととこしえに身が等しくなり、（したがって所証の）法も等しくなるのである。龍樹菩薩とかバスバンズ（世親《せしん》）菩薩といった輩《かたがた》が、彼（の浄土）に生まれたいと願われたのは、まさしくひとえにこれがためである（同前）。

「未証浄心の菩薩」とは、すでに見たように、未だ清浄の心を獲得できていない菩薩のことで、「十地《じゅうじ》」という菩薩の修行の階梯でいうと、その初めから第七地（「地」は位階のこと）までにある菩薩のこと。彼らは、「作心」を免れない段階にある菩薩といわれる。「作心」とは、分別心《ふんべつしん》に囚われていることで、なにごとについても、おのれの判断を優先させる。

ここで注意を要することは、こうした分別心から自由になっていないことを「不浄」といっていることであろう。普通、浄・不浄というときには、煩悩《ぼんのう》の有無が基準になる。しかし、仏教では煩悩がはたらいているかどうかで、浄・不浄を決めるのではなく、分別心をはたらかしているかどうかが浄・不浄を決める。煩悩が残っていても、分別心がなくなっていれば、浄なる存在なのである。

「作心」：「造作分別心」のこと。
「竜樹菩薩」：浄土七祖の初祖。その著『十住毘婆沙論《じゅうじゅうびばしゃろん》』は親鸞が重用した。「初歓喜地」の菩薩という。／「婆藪槃頭菩薩」：世親菩薩のこと。

では、なぜ「作心」の有無が問題となるのか。それは菩薩の修行の階梯において、第七地と第八地を区別するのが、この「作心」の有無にほかならないからである（『解読浄土論註』巻下、「未得浄心」の項の解説、九九頁）。そして「作心」の克服は、通常の修行では不可能であり、唯一、阿弥陀仏の浄土に生まれて阿弥陀仏と見《まみ》えることによってのみ可能となる、とされている。

この第七地と第八地の間にある、修行上の困難は、古くから「沈空《ちんぐう》の難《なん》」とよばれてきた。第七地に到達した菩薩は、一切のものに執着する心が克服され、「空《くう》」を感得する。そうなると、求むべき悟りも、度すべき衆生もいないことになり、ただひたすら「空々寂々《くうくうじゃくじゃく》」となる。となると、あとは「涅槃」に入るだけとなる。このようにして「自分だけが涅槃の空に安住する」という状況が生まれてくるが、そのことを「沈空の難」といってきた（星野元豊『講解教行信証』、一一八七頁）。

現に親鸞は、この「証《しょう》」巻《かん》で、曇鸞《どんらん》の文を引用して第七地と第八地の間にある断絶に注目している。

菩薩七地《しちじ》の中《なか》にして大寂滅《だいじゃくめち》を得《う》れば、上《かみ》に諸仏の求むべきを見ず、下《しも》に衆生《しゅじょう》の度すべきを見ず、仏道を捨てて実際《じちさい》*を証せんと欲《ほっ》す（岩波本、一四四頁）。

だからこそ、その際、仏に出遇って、その加護を得てさらなる前進を目指さなければならない。それ故に、曇鸞はさらに続けていう。

その時にもし十方諸仏の神力加勧《じんりきかかん》を得ずは、すなわち滅度《めちど》して二乗《にじょう》*と異《い》なけん。菩薩もし安楽《あんらく》に往生して阿弥陀仏を見たてまつるに、即ちこの難《なん》なけん（岩波本、一四四〜一四五頁）。

「未証浄心の菩薩」は、浄土に生まれて阿弥陀仏を見ると、どのように変わるのか。曇鸞の文によれば、「平等法身」を得る、という。「平等法身」とは、第八地以上の菩薩のことで、「法性」（真理）を体得している「生身」とされる。八地以上の菩薩は、私たちを苦しめる煩悩をすでに断じていて、肉体をも捨てているが、衆生教化のために、かりに生きているかのような肉身をあえて保っているから「生身」と表現される。

「寂滅平等」とは、「法性生身」が体得する真理の内容で、「寂滅平等」という真理を体得す

「**実際**」：悟りのこと。

「**二乗**」：「小乗仏教」の聖者たち、「声聞」と「縁覚」。

るから「平等法身」ともいう。

この文で大事なことは、「平等法身」が「報生三昧」という特別の瞑想力を獲得するということであろう。この特別の瞑想に入ると、一箇所にありながら、一瞬にして十方世界に行き、諸仏、諸菩薩を供養することはもちろん、仏教が伝わっていない世界にも出向いて、あらゆる衆生を教化できる力をもつという。一言でいえば、「任運無功用《にんうんむくゆう》に衆生済度《しゅじょうさいど》の事業をなしうる」(『解読浄土論註』巻下、九六頁)ということになる。おのれの「作心」(分別心)を離れて、自由自在になんら心をはたらかすことなく、自然に衆生済度ができる、というわけである。ここに、「作心」(分別心)を離れることができない第七地までの菩薩との違いがある。

そして、この「報生三昧」の活動こそが「還相《げんそう》」にほかならない。「還相」の活動は、第八地以上の菩薩の「報生三昧」に源を発するということになる。

興味があるのは、右の文章で曇鸞がわざわざ、龍樹菩薩も世親(天親《てんじん》)菩薩も浄土に生まれることを願ったのは、この「報生三昧」を手に入れたいがためであった、と付け加えていることである。つまり、「阿弥陀仏の物語」にしたがうかぎり、仏になるためにはどうしても阿弥陀仏の国に生まれて、実際に阿弥陀仏に見《まみ》えるという段階をふまなければならないのであり、それゆえにこそ、曇鸞は「かの仏国〈阿弥陀仏の浄土のこと、阿満注〉は畢竟成仏の道路、無上の方便なり」(『解読浄土論註』巻下、一三一頁)、と断定しているのである。仏教は浄土仏教に極まるということであろう。

「還相」の論理

念仏者たちは阿弥陀仏の浄土に生まれて、不思議なことに、一挙に「法性生身《ほっしょうしょうじん》」となり、迷える衆生《しゅじょう》の救済活動に従事することができる、という。これは、曇鸞《どんらん》が世親《せしん》（天親《てんじん》）の『浄土論《じょうどろん》』に註釈を加える形で明らかにしていることだが、あえていえば、それでもまだ「物語」の域を出ていないともいえよう。つまり、浄土に生まれると、どうして「還相《げんそう》」の活動が可能なのか。いやそもそも「浄土」が単なる空想の産物ではないということを、どのように証明できるのか。もし「浄土」の存在が論理的に説明できなければ、「還相菩薩」もたんなる空想の域を出ないことになるのではないか。

こうした疑問を知ってか知らずか、曇鸞はつぎに、浄土とその主人公である阿弥陀仏、またそのもとに参集する菩薩たち（そのなかに私たちもふくまれるのだが）の存在を仏教の論理にしたがって説明する。私からいえば、「阿弥陀仏の物語」に依拠した説明から、仏教の論理にしたがった説明を試みる、ということになる。仏教の論理とは、科学的に証明できる論理とは異質だが、人間の思考の論理として一貫しており、真実だと認めざるをえない論理のことである。

具体的には「広《こう》・略《りゃく》」という考え方であり、さらには「法性法身《ほっしょうほっしん》・方便法身《ほうべんほっしん》」という「二種法身」論である。まず「広・略」の考え方から紹介しよう。

曇鸞はのべている。

国土《こくど》の荘厳《しょうごん》十七句と、如来の荘厳八句と、菩薩の荘厳四句とを広《こう》とす。入一法句《にゅういちほうく》は略《りゃく》とす。何が故ぞ広略相入《こうりゃくそうにゅう》を示現《じげん》するとならば、諸仏菩薩に二種の法身《ほうしん》あり（岩波本、一四九頁）。

これだけではなんのことか分からないが、世親は、『無量寿経』にもとづいて、阿弥陀仏の浄土について、その国土に関して十七種類の、また、浄土の主である阿弥陀如来については八種類の、そして、浄土に生まれてくる菩薩たちについては四種類の、合計二十九種のシンボル的記述がなされている、とのべている（『浄土論』）。このようなシンボル的な説明は「荘厳」と漢訳されている。「かざり」と現代語訳することが多い。それを受けて、曇鸞はさらに注釈を加えている。それが右の文である。

要点をいえば、合計二十九種類のシンボル的表現は、その多彩さから「広」といってよいだろう。しかし、それらはたんに多彩な表現というにとどまらず、一つの真理によって統合されているといってよい。その真理を「略」とよべば、「広」と「略」が互いに緊密に関係しあっていること、つまりそれが「相入」ということだが、この「広略相入」を自在に認識できることが浄土に生まれた菩薩の条件になる。

右に「一つの真理」といったが、文では「一法句」とある。「一法句」の「一」は「無二平等」、「法」はインドの言葉で「ダルマ」（漢訳して「真如《しんにょ》」、真理のこと）、「句」は、梵語《ぼんご》のpada の漢訳といわれ、「拠処《こしょ》」（よりどころ）を意味する。つまり、「真如」が衆生を救済する働きとして世間的にすがたをあらわすことであり、浄土が真実、真理を求める人間には、最終的な「拠処」になっていることをあらわしていると考えられる。

つまり、浄土のシンボル的説明と「法」（真理）そのものとの関係が互いに相関連しあっている（「相入」）、とくに、浄土のシンボル的表現が人間には究極的な「よりどころ」になっていることを明かしているのであり、浄土はたんなる空想の産物ではなく、「法」という真理の裏づけがあることを「広略相入」という述語で示しているのである。現代風に言い換えれば、真理そのものと、その表出の関係、あるいは、本質とその具体的現象との相互関係、ということになろうか（術語の解説については『解読浄土論註』参照）。

「広略相入」の考え方をもっと端的に理解するために、つぎの一文をみてほしい。この文は、浄土の菩薩が「還相」の活動に必須である「柔濡心《にゅうなんしん》」をいかにして入手するかについて、「広略相入」の考え方を用いて説明している。

「かくのごときの菩薩（「法性生身」）は、奢摩他《しやまた》・毗婆舎那《びばしやな》、広略修行成就《こうりやくしゆぎようじようじゆ》して柔濡心《にゆうなんしん》なり」とのたまえり。柔濡心とは、謂《いわ》く広略の止観相順《しかんそうじゆん》し修行《しゆぎょう》して、不二《ふに》の心《しん》を成《じょう》ぜるなり（岩波本、一五一頁）。

「法性生身」の菩薩は、「奢摩他」・「毗婆舎那」という二種類の修行をするが、「奢摩他」は「止」と漢訳され、『論註《ろんちゅう》』によると、「心を一つ処に止めて、悪をなさないこと」（巻下、一九頁）であり、「毗婆舎那」は「観」と漢訳されて、その意味は「浄土の三種の荘厳を思い浮かべることである」（同、二二頁）。

その二つの瞑想のなかで、「止」の対象を「略」とよび、「観」の対象を「広」とよぶ。「略」とは本質であり、「広」とは、その本質が現実に多彩に展開している現象の相をいう。あるいは、「略」は一であり、「広」は多といってもよいのかもしれない。

そして大事なことは、「法性生身」が「法性生身」である所以は、「略」と「広」が互いに関係しあっている、つまり「広略相入」を知るという点にある。「相入」とは、さきにのべたように、互いに関係しあっているということである。現象は本質を知ってはじめてその現象の一つ一つの意味がよく理解されるのであり、本質は現象に展開してはじめて単なる抽象性を克服して、現実に意味をもつことができる。

このように、菩薩たちは全世界の現象を本質から理解し、本質を現象に展開できることによってはじめて、世界の真実の相を知ることになる。それが「広略相入」を知るということなのであろう。そして、このように世界を如実に知る智慧を得てはじめて「還相」の活動が可能となる。

本文に即していえば、このような真実の認識に満ちた心を「柔濡心」とよんでいる。「柔濡心」とは、『無量寿経』にいうつぎのような心なのであろうか。「その国土の所有の万物において我所の心なし……柔軟・調伏にして忿・恨の心なし」。あるいは、「やさしいやわらかな心……ものにこだわらず、自由自在な心で、もののまことのすがたをそのあるがままに知る心」（星野元豊『講解教行信証』、一二七四頁）なのであろうか。

このような「柔濡心」が生まれるからこそ、つぎの一文が生きてくる。

> **実相《じちそう》**（真実の姿、阿満注）**を知るを以ての故に、則ち三界《さんがい》の衆生の虚妄《こもう》の相《そう》を知るなり。衆生の虚妄を知れば、則ち真実の慈悲を生ずるなり**（岩波本、一五一頁）。

「還相」の活動は、「衆生の虚妄」を知ることによってはじめて具体化するという。衆生、つまり私たちは、おのれの存在の虚妄性を認識することがない。にもかかわらず、私たちがおのれの存在の虚妄性に気づくとしたら、すでにそれは「還相菩薩」のはたらきにふれているのであろう。阿弥陀仏の浄土に生まれたことがない私たちには、「還相菩薩」の活動は種々の「縁」というしかない形で作用しているのであろう。

では、もとへもどって、「広略相入《こうりやくそうにゅう》」が実現するのは、「諸仏菩薩に二種の法身《ほっしん》」があるからだというのは、どういう意味か。さきの引用文はつぎのように続く。

「二種法身」

諸仏菩薩に二種の法身《ほうしん》あり。一つには法性《ほうしょう》法身、二つには方便《ほうべん》法身なり。法性法身に由りて方便法身を生ず、方便法身に由りて法性法身を出《い》だす。この二の法身は異にして分かつべからず、一にして同じかるべからず。この故に広略相入して、統《か》ぬるに法の名を以てす。菩薩もし広略相入を知らざれば、則ち自利利他《じりりた》するにあたわず（岩波本、一四九頁）。

「広略相入」という思考方法が可能なのも、「二種法身」という論理があるからこそ、だという。では、「二種法身」とはなにか。「証」巻から離れるが、親鸞によって簡潔に説明がされている一文を紹介する。それは『唯信抄文意《ゆいしんしょうもんい》』にある。

法身はいろもなし、かたちもましまさず、しかればこゝろもおよばれずことばもたえたり。この一如《いちによ》よりかたちをあらわして、方便法身ともうす御すがたをしめして、法蔵比丘《ほうぞうびく》となのりたまいて、不可思議の大誓願《だいぜいがん》をおこしてあらわしたまう御かたちをば、世親菩薩《せしん》は盡十方無碍光如来《じんじつぽうむげこうによらい》となづけたてまつりたまえり（『定本親鸞聖人全集』第三巻、和文書簡篇、二〇二〜二〇三頁）。

「法身」の「法」とは、真理を意味する。「一如」ともいわれる。なぜ「身」という言葉が付されているのか、について、「法が全存在の依るべき軌範となるという意味で法を身と名づける」（『解読浄土論註』巻下、一一五頁の註）といわれる。そしてその「法身」には、人間には認識不可能な「法性法身」と、かろうじて「大きな物語」（この場合は『無量寿経』）によって人間にも理解が可能な「方便法身」という二種類があるとする。右の文章では、「一如」から法蔵比丘があらわれて、四十八の誓願を起こし、それらを実現して阿弥陀仏（「盡十方無碍光如来」）になった、という『無量寿経』の要点が「方便法身」の具体例としてのべられている。

「方便」という言葉は現代日本語では、「目的のために利用する便宜の手段」（『広辞苑』）を意味していて「嘘も方便」という言い方がよく知られている。しかし、仏教語としての「方便」は、真理に近づく、という意味であり、しかも、その道はその人間には唯一だという重い意味がある。山口益《すすむ》は、つぎのように定義している。「方便とは、真如が清浄世間智として、人間に近づき、人間に到達し、人間はそれを道として、それをたより（means）として真如に到らしめられるのである」（『仏教学序説』、二一八頁）。

二種法身論からいえば、私たちに理解が可能な『無量寿経』は、いずれも「方便法身」が登場人物であり、それらの背景には、人智では認識しがたい「法性法身」という真理が生きているのであり、阿弥陀仏やその浄土、あるいはその浄土に生まれる、ということも、たんなる「物語」ではなく、それらを通じてのみ、私たちは真理に到達できるという仕組みになっていることをよく認識せよ、というのである。

大事なことは二種の法身の関係が「不《ふ》一《いつ》不《ふ》異《い》」だとされていることであろう。別々だが、別のものではない。問題はどうして、「法性法身」が「方便法身」へと展開するのか、であろう。これは人間として答えることができない領域になるのであろうが、真理というか真実というものは、真理から離れているもの、真実でないものを、真理、真実たらしめようというはたらきを本来もっているからなのであろうか。真理は自ら自己限定して、非真理を真理たらしめんとするのかもしれない。

もとへもどるが、浄土の菩薩たちが「広略相入」を知るというのも、その背後に二種法身という真理論があるからなのであろう。

法蔵菩薩の「願心」

「証《しょう》」巻《かん》の後半は、浄土に生まれた菩薩は、阿弥陀仏の本願力《ほんがんりき》によって「還相《げんそう》」のはたらきをすることが縷々《るる》のべられている。その説明は、浄土でのできごとであって、術語は了解できてもほとんど実感は難しい。そのなかにあって、凡夫《ぼんぶ》の私たちにとっても考えさせられる一文がある。それは、「浄入願心《じょうにゅうがんしん》」とよばれる一節である。

浄入願心とは、「またさきに観察荘厳仏土功徳成就《かんざちしょうごんぶつどくどくじょうじゅ》と荘厳仏功徳成就《しょうごんぶつ》と荘厳菩薩功徳成《しょうごんぼさつ》就とを説きつ。この三種の成就は願心《がんしん》の荘厳したまえるなりと、知るべし」といえり。応《おう》知《ち》〔直前の「知るべし」のこと〕とは、この三種の荘厳成就は、もと四十八願《しじゅうはちがん》等の清浄《しょうじょう》の願心の荘厳せるところなるに由りて、因浄《いんじょう》なるが故に果浄《かじょう》なり、因なくして他の因のあるにはあらずと知るべしとなり（岩波本、一四八〜一四九頁）。

【現代語訳】

「また、さきに仏土の功徳がみごとにかざりあげられているすがた、仏がみごとにかざりあげられているすがた、菩薩がみごとにかざりあげられているすがたを観察することを説いてきたが、この三種がみごとに完成しているのは、（法蔵菩薩の）願心によってかざりあげられたものだからである。このことをよく承知すべきである」。「承知すべきである」とは、この三種のかざりが完成しているのは、もともと四十八願（を発したところ）の清浄なる願心によってかざられているからで、因（たる願心）が清浄であるから果（としての三種）が清浄なのであって、因がない（のに果が清浄だ）とか、他の因（によって清浄なる三種のかざりが）あるとかということではない、ということをよく承知すべきだというのである（『解読浄土論註』巻下、一一七頁）。

「浄入願心」の「浄」とは、阿弥陀仏の国土である「浄土」を形成している、仏土と仏と菩薩の三種のシンボルが完成している（＝「荘厳成就」）ことをいう。「願心」は、阿弥陀仏の前身である法蔵菩薩が起こした四十八願のこと。「浄」は、今までの論法でいけば、「広」にあたり、法蔵の「願心」は、「略」に相当するといってよいだろう。そしてそこに「相入」という関係が成立する。つまり、浄土をかざる三種のシンボルは、法蔵の「願心」から生まれたということであり、「願心」は三種の具体的なシンボルとなってはじめて具体化している、ということであろう。

もっとも「証」巻では、浄土の二十九種類におよぶ「荘厳成就」について、『浄土論註』の記述から仏の八種のシンボルのうち、最後の「不虚作住持功徳《ふこさじゅうじくどく》」の後半と、菩薩の四種のシンボルのみが引用されている。その意図は、星野元豊《ほしのげんぽう》のいうように、いずれも「還相《げんそう》」の活動にかかわる部分だからであろう（『講解教行信証』、一二三〇頁）。

だが、それはそれとして、浄土とその内容が法蔵の「願心」に発している、という指摘は、私たちにとっても、法蔵の「願心」を知ることが、浄土のかずかずのシンボルの意味を了解する上で、もっとも重要な手がかりであることが教えられるのではないか。それは、親鸞が「信」巻のなかで、つぎのようにのべている点と呼応するのであろう。

> **「聞《もん》」と言うは、衆生仏願《しゅじょうぶつがん》の生起本末《しょうきほんまち》を聞きて疑心あることなし、これを聞というなり**

（岩波本、九八頁）。

つまり、法蔵の四十八願が信じられるかどうかは、その「生起本末」を知ることにかかわっている、ということである。「証」巻と、凡夫である私たちとがつながる大事な一点ではないか。

「還相」の意義

親鸞が「証《しょう》」巻《かん》において論証しようとしていることは、仏教徒の理想である「涅槃《ねはん》」＝悟りは、「還相《げんそう》」の活動をおいてほかにない、ということであろう。その「還相」について、親鸞は「証」巻の終わりに、再び『浄土論註《じょうどろんちゅう》』を引用してその意義を強調している。

「出第五門《しゅつだいごもん》とは、大慈悲《だいじひ》を以て一切苦悩の衆生《しゅじょう》を観察《かんざち》して、応化身《おうげしん》を示して、生死《しょうじ》の薗《その》、煩悩《ぼんのう》の林《はやし》の中《なか》に回入《えにゅう》して、神通《じんづう》に遊戯《ゆげ》し、教化地《きょうけじ》に至る。本願力《ほんがんりき》の回向《えこう》を以ての故に。これを出第五門と名づく」とのたまえり。示応化身《じおうげしん》とは、法華経《ほうけきょう》の普門示現《ふもんじげん》の類《るい》のごときなり。遊戯に二つの義あり。一つには自在の義。菩薩衆生を度《ど》す、たとえば師子《しし》の鹿《しか》を搏《う》つに、所為《しょい》はばからざるがごときは、遊戯するがごとし。二つには度無所度《どむしょど》の義《ぎ》なり。菩薩、衆生を観ずるに、畢竟《ひちきょう》じてあらゆるところなし。無量の衆生を度すといえども、実に一《いち》衆生として滅度《めちど》を得《う》る者なし。衆生を度すと示すこと遊戯するがごとし。本願力と言《い》うは、大菩薩《だいぼさつ》、法身《ほうしん》の中《なか》において、常に三昧《さんまい》にましまして、種種《しゅじゅ》の身《しん》、種種の神通《じんづう》、種種の説法《せちほう》を現《げん》ずることを示すこと、みな本願力より起これるを以てなり。たとえば阿修羅《あしゅら》の琴《きん》の鼓《こ》する者なしといえども、しかも音曲自然《おんごくじねん》なるがごとし。これを教化地の第五の功徳の相《そう》と名づくとのたまえり（岩波本、一五七〜一五八頁）。

【現代語訳】

（教化に）出る第五の門とは、大いなる慈悲をもって苦悩するすべての衆生のすがたを観察し、それらの衆生に応じて身を変じて生死の園である煩悩しげき世界に入り、神通をあらわして遊戯し、衆生教化を全うするということである。それはもともと衆生を救済しようとする本願の力が回向されているからである。これを出の第五門と名づける。

「衆生に応じて身を変じてあらわれる」とは、『法華経』の普門品に（観世音《かんぜおん》菩薩の）変化身について説かれているような類の意味である。

遊戯というには二つの意味がある。一つには自在という意味である。つまり、菩薩が衆生を救済するのは、たとえば獅子が鹿を手どりにして、どうしようがこうしようが思いのまま、まったく遊びたわむれているのに似ているということである。二つには救済しても救済されたものはないという意味である。つまり菩薩が衆生を観るのは、もともと衆生という実態があるのではないということを観るのだから、かぎりない衆生を救済しても、真実にはひとりとして滅度をえた衆生が別にあるわけではない。このように、菩薩が衆生を救済するのは、あたかも遊びたわむれているようなものなのである。

本願の力というのは、大菩薩は法身のうちでつねに三昧にあって、さまざまの身、さまざまな神通、さまざまな説法をあらわすが、これはすべて本願の力によって起こすのだということである。たとえば阿修羅の琴は弾く者がなくとも、自然と音楽が奏でられるというようなものである。

これを「教化ということがかなえられる第五の功徳のすがた」と名づけるのである

（『解読浄土論註』巻下、一五五〜一五六頁）。

「生死の薗、煩悩の林の中」というのは、現実の私たちが生きている社会のこと。そこに「還相《げんそう》の菩薩」たちは、「応化身」をもって現れるという。「応化身」とは仏教辞典によれば、「人々の素質に応じて現れた仏身」という。人それぞれに応じて仏教を教えるのだが、菩薩からすれば、それは神通のはたらくところ、またあたかも遊戯をするかのように自在になされるのであろう。そうしたことを知る由もない私たちには、こうしたはたらきは「縁」というしかないにちがいない。私に加えられる無数の縁のはたらきによって、仏道に近づき、仏道に生きるようになる。それは、「還相の菩薩」たちからすれば、「教化地」におけるはたらき、ということなのであろう。「教化地」とは、慈悲にもとづいて凡夫を仏ならしめようとする活動の場（「地」）のことなのである。しかも、曇鸞《どんらん》が強調するのは、こうした「還相」のはたらきそのものが阿弥陀仏の本願力にもとづいている、という認識なのである。

仏とは「還相」の活動そのものを指す、という親鸞の強調は、「大行《だいぎょう》」とよばれる称名《しょうみょう》によって、私たちの無意識に蓄積される仏心そのものが、「還相の菩薩」のはたらきの結果なのだと受け止めよ、ということになるように思われる。もし、そうならば、「証」巻は、「行」「信」の両巻の根拠を示す役割（星野元豊『講解教行信証』、一三五五頁）をもっていることになるのであろうし、もっといえば、「往相《おうそう》」の歩みは、「還相」の活動のすがたであり、

「往相」の目的地に到着した私たちは、たちどころに「還相」の菩薩として、現世に戻ってくる。つまり、「往相」と「還相」は、いわば循環をなしている、ということなのである。

本願念仏の仏道は、このような循環のなかにあるからこそ、現実の五濁悪世《ごじょくあくせ》のただなかでも絶望せずに生き続けていけるのではないか。だからこそ、『歎異抄《たんにしょう》』第四条の「慈悲に聖《しょう》道浄土《どうじょうど》のかわりめあり」という感慨も生まれたのであろう。

私の言葉でいえば、つぎのようになる。「人を助けることができなかったという、苦しくて辛く、切ない思いを持続している人こそが、その持続の故に「阿弥陀仏の慈悲」を求めるのである。まことに、阿弥陀仏とは、人間の悲願の結晶であり、シンボルだという所以である（中略）挫折を経てはじめて見えてくる希望、それがここでいう「浄土の慈悲」なのである」（ちくま学芸文庫版『歎異抄』、七〇～七一頁）。

こうしてみると、凡夫にも、いや凡夫にこそ「証」巻を読ませる理由がはっきりするというものではないか。

他者への関心

「証《しょう》」巻《かん》は、さきだつ「教《きょう》」・「行《ぎょう》」・「信《しん》」のそれぞれの巻を受けて、私が浄土に生まれるための条件を明らかにする「往相《おうそう》」の部分を閉じる役割と、あらたに「還相《げんそう》」を説く部分に二分されている。

「還相」は、「往相」を歩む者からすれば、浄土に生まれた後のことで、現実味がないように思われるが、今までに紹介したように、私たちの「往相」そのものを成立させている基盤だとすると、「還相」あっての「往相」だという思いが強くなる。

自我意識の強い私たちは、「阿弥陀仏の物語」に出遇い、「本願」を知り、その「本願」を「選ぶ」のも、また「称名《しようみよう》」するようになることも、すべて自分の判断、選択であるかのように思っている。しかし、それらはすべて自我の存在以前の、あるいは自我のあずかり知らない他者の「還相」のはたらきのなせるところであったのだ。そのように気づくと、つまり、それなりの何重もの縁のはたらきがあってのことであったと分かると、安心感が生まれるのではないか。親鸞が「往相」とならんで、それ以上に「還相」の意義を強調するのは、結果的に、私たちの自我病からの解放を目指しているように思われる。

「往相」もままならない私たちが「還相」活動など、思いもよらないことと思うのは当然だが、自分の「往相」そのものが「還相」活動の成果だと分かると、「阿弥陀仏の物語」が「往相」と「還相」の二面から成り立っている意義が明白になってくるのではないか。しかも、その二面を支えているのは、阿弥陀仏の本願なのである。「阿弥陀仏の物語」は、こうした二面性をもつ本願を軸に、私たちを浄土に迎える道筋をつくってくれているのではなかろうか。

こうして親鸞は、曇鸞《どんらん》の『浄土論註《じょうどろんちゅう》』からの長い引用を終えて、あらためて世親《せしん》・曇鸞の意義を要約して「証」巻を閉じる。

> しかれば大聖《だいしょう》の真言《しんごん》、誠《まこと》に知《し》んぬ、大涅槃《だいねはん》を証《しょう》することは願力《がんりき》の回向《えこう》に籍《よ》りてなり。還《げん》相《そう》の利益《りやく》は利他《りた》の正意《しょうい》を顕《あら》わすなり。ここを以て論主《ろんじゅ》は広大無碍《こうだいむげ》の一心を宣布《せんぷ》して、あまねく雑染堪忍《ぞうぜんかんにん》の群萌《ぐんもう》を開化《かいけ》す。宗師《しゅうし》は大悲往還《だいひおうげん》の回向《えこう》を顕示《けんじ》して、ねんごろに他利利他《たりりた》の深義《じんぎ》を弘宣《ぐせん》したまえり。仰《あお》いで奉持《ぶじ》すべし、ことに頂戴《ちょうだい》すべしと（岩波本、一五八頁）。

「大聖の真言」とは、釈尊によって説かれた『無量寿経』のこと。それによると、私たちが「涅槃」＝悟りを手にできるのは、「願力の回向」、つまり、阿弥陀仏の本願の力が私たちに与えられるからである。「回向」とは、阿弥陀仏が私たちに仏になる力を与えること。そして、私たちに「還相」のはたらきを生ぜしめることこそ、阿弥陀仏の「利他」（衆生を利益する）の精神をもっとも正しく伝える行為なのであり、「往相」と「還相」を二つながらに私たちに与えることによって、阿弥陀仏は衆生済度《しゅじょうさいど》の事業を完成するのである。あらためて、『教行信証』の冒頭に、「謹んで浄土真宗を按ずるに、二種の廻向あり。一つには往相、二つには還相なり」（岩波本、一五頁）とあったことが思い起こされるであろう。

そうした阿弥陀仏のはたらきを私たちに明確に教えるために、「論主」（世親）は「一心」

を教えたのであり、「宗師」（曇鸞）は「往相」と「還相」の回向を示すことで、「他利利他の深義」を明らかにして、阿弥陀仏の慈悲の内容を教えてくれた、というのである。

「一心」とは、「一心になる」という副詞ではなく、名詞である。「一」は中国の思想では根源的存在を象徴する。その根源的存在を自覚する心が、ここでいう「一心」。つまり、阿弥陀仏の名号を称することによって、私たちの無意識に流入してくる阿弥陀仏の心のことである。

では「他利利他の深義」とはなにか。「利他」は、仏の活動を示す言葉であり、この場合の「他」は衆生のこと。衆生を助けて仏ならしめるのが、仏のはたらきなのであり、文字通り「他」＝衆生を「利益する」（仏にならしめる）という慈悲の活動が「利他」にほかならない。

では「他利」とはなにか。曇鸞によると、「利他」は仏の側からいう言葉であり、「利他」は仏にしかできない活動であるのに対して、「他利」は人間の側から発する言葉だという。「他」が衆生を意味することに変わりがないとすると、「衆生」が「利する」ということになる。これは、どういうことか。

この点をめぐっては諸説ある。たとえば「衆生が（阿弥陀仏によって）利せられる」と読むべきだという説もある。だが、私が共感するのはつぎの解釈である。「利他が本来、本願力の回向によるのであれば、他利はその回向を蒙《こうむ》る衆生における利他行をさすとでもいえるだろうか」(『解読浄土論註』巻下、一六四頁)。
右の解釈で大事な点は、「利他」は仏にのみ可能な慈悲行だが、それは「還相」の菩薩をも支えている。「還相」の菩薩が衆生済度のために活躍できるのも、阿弥陀仏の「慈悲」の賜物なのである。その「還相」の活動によって、私たちは今本願と出遇い、阿弥陀仏の心を無意識にせよ、おのれのものとしている。となれば、私たちは念仏という仏道を歩むなかで、いささかの利他のはたらきを示すこともあるではないか。そのことを、右の解釈は示そうとしているように思われる。

つまり、念仏者は、称名《しょうみょう》を通して、阿弥陀仏の心を得るのであるから、凡夫《ぼんぶ》といえども、慈《じ》悲行《ひぎょう》の一端が生じても不思議なのではない。すでに、「信《しん》」巻《かん》の「三心一心《さんじんいっしん》」論において言及したように、「欲生我国《よくしょうがこく》」というはたらきのなかには、他者をして浄土を求めさせてやまないという能動的なはたらきかけが可能だと力説されている。本願《ほんがん》念仏者には、自らが浄土を求めると同時に、人をして同じように浄土を求めさせるというはたらきかけが可能なのである。だから、完全な「利他」行は浄土に生まれた菩薩のものだが、現世での、かりに微弱であっても「利他」行は凡夫にも可能なのである。

これは、本願念仏者の社会倫理を考える上で重要な手がかりになるであろう。今までは、念仏者は浄土を求めるのに忙しくて、現世の営みについて無関心を装う傾向が強かったが、念仏自体に他者への関心が内在しているのであり、阿弥陀仏の慈悲を受け止めることは、同時に、その慈悲を目標とする凡夫の慈悲行もまた可能となるからである。

「他力」について

なお、「他力《たりき》」という言葉について、二点ふれておきたい。一つは、「他力」という言葉は、インド語の翻訳ではなく、中国にもともとあった言葉、しかも俗語といわれている。その「他力」を用いて、阿弥陀仏の「利他《りた》」の活動を説明したのが曇鸞《どんらん》である（「他力」と「利他」については、曾我量深《そがりょうじん》「他力は俗語、その聖語は「利他」」『曾我量深説教集』第一巻）。曇鸞は、「他力」という言葉を使うことによって「自力《じりき》」という精神も明らかにした。この用語法は、それまでの「聖道門《しょうどうもん》」と「浄土門《じょうどもん》」という区別よりもはるかに鮮明であり、本願を信じるという行為が「自力」ではなく「他力」に属することの説明が容易になったといえるであろう。

つまり、「他力」は、私が信じる対象であることはもちろんだが、それ以上に大事なことは、「他力」を前にして私たちがしなければならないことは、「他力」＝阿弥陀仏の本願力を全面的に受け入れるかどうか、という決断をするかどうか、なのである。もし「他力」を信じるかどうか、という視点だけから論じると、その信じ方は、私が諸々のことを信じているなかの一つとしてあつかわれていることになり、要するに自力の対象の一つにすぎないことになる。それでは、「他力」という言葉はあるが、「他力」も「自力」の一つでしかない。

「他力」を「自力」と区別するのは、一方では「自力」による「悟り」の不可能性の自覚によるのであり、他方では、なによりも阿弥陀仏の本願の力を、おのれの仏道において絶対的な意味をもつものとして全面的に受け入れる、という決断が必須なのである。

だからこそ、親鸞も「乗阿弥陀仏大願業力」（岩波本、二八一頁）とか「一切善悪の凡夫生ずることを得るは、皆、阿弥陀仏の大願業力に乗じて、増上縁とせざるはなきなり」（岩波本、四一頁）という文にある「乗」の文字に注目しているのである（「乗」には詳細な転釈を施している）。つまり、「他力」には「乗ずる」という言葉が一番適切なのであり、「乗ずる」にあたって、それぞれに決断（信）が問われることはいうまでもない。

くり返すが、「他力」を「信じる」とは、一見「他力」の意味が分かっているようでありながら、自分を中心とする「自力」の仏道の一種になりがちだという落とし穴があるのである。

二つは、「他力」がしばしば現実の中身がなんであれ、それらを無差別に容認する意味に使われがちだ、という問題である。本願念仏者のあり方について、しばしば「そのまま」でよいのだ、という教戒があるように、「自力」を放棄すると、現実の中身がどうであれ、現実を「そのまま」容認するのが「他力」の仏教であるかのような錯覚、あるいは誤解が行き渡ってきた。それは、曾我量深が指摘しているように、現実の諸現象を生み出している「因果」のうちの「果」だけをとりあげて、その「果」からの解放、救済を願う、功利的な考え方にほかならない。

いうまでもなく、現実の苦しみには、その内容がなんであれ、それ相当の原因がある。その原因を除去してはじめて、現実の苦しみが克服できるのである。仏教はいつも、ものごとを「因《いん》・縁《ねん》・果《か》」の関連のなかで理解せよ、と教えているのであり、現実をそのまま諦めよ、とは教えていないのである。

くりかえすが、「他力」はあくまでも私が歩む仏道のあり方なのであり、現実世界で起こるすべての現象を「そのまま」受けいれて容認するということではない。ましてや、現実世界の中で生じている事柄の原因の探求をすべて放棄し、時流に流されるままでよい、と教えているわけでもない。現象が「果」なのか「因」なのかを見極めることを放棄するならば、現実を主体的に生きることにはならない。それは、仏教徒の生き方ではない。

しかし、江戸時代以来、現代にいたるまで、現実の無差別な容認が「他力」の仏道であるかのような「説教」が教団によってくり返し続けられてきた結果、現実を変革する視点は弱くなる一方であり、現実を支配する勢力に都合のよい考え方に終始することをもって、よき「門徒《もんと》」というイメージをつくり続けてきた。この教団の罪は重い。

第七章　「真仏土」巻

浄土と「あの世」

「真仏土《しんぶつど》」とは、いわゆる「浄土」のことである。親鸞が「浄土」と標記せずに「真仏土」とするのは、一つには、真実でない浄土、つまり、この後に叙述される「方便化身土《ほうべんけしんど》」との対照においてであろう。浄土に真実と真実ならざる浄土があるということは、すでに経典にも記述されていることだから驚くことはないが、その根拠を本願《ほんがん》のあり方から解明する点が親鸞の思考の特色であろう。のちにのべたい。

ところで、親鸞の「浄土」論に入る前に、注意をしておきたいことがある。それは、「浄土」をイメージするとき、しばしば、常識がいうところの「死後の世界」や「あの世」を重ねる傾向がある、ということだ。つまり、「自然宗教」の死後の観念をそのまま、「浄土」に重ねる誤りを犯しがちになる、ということである。「自然宗教」は、「創唱《そうしょう》宗教」と対になる学術用語で、「創唱宗教」のように、教祖や教団、経典の類をもたない、自然発生的な宗教意識のことである。日本社会では、仏教がこれほど浸透しているように見えるが、実態は「自然宗教」の優位が目立つ。

その「自然宗教」では、人は肉体を喪失した段階で、霊的な存在となり、多くの場合、血を分けた子孫の祭りを受けて、やがて「ご先祖」という霊体になる、と信じられている。こうした死後の観念は、「大きな物語」（「創唱宗教」）と疎遠な現代においては、意外に多くの人の人生観の基礎となっていることが多い。

だが、「浄土」は、あくまでも、「阿弥陀仏の物語」のなかで想定されている世界である。なぜ「浄土」が設定されるのか。それは、仏教では人は「悟り」という最高の智慧《ちえ》を獲得することをもって存在の完成にいたるのであり、凡夫《ぼんぷ》にとってこのような理想が完成されるのは「浄土」に生まれることによってだ、と考えられているからだ。もっといえば、人には、そうした「最高の智慧」への「希求」がもともとそなわっているからなのである。その希求を自覚する人と、そうでない人との違いはあるとしても、「最高の智慧」の獲得を目指す道を歩むのが人間のあり方だという考えが仏教なのである。

「自然宗教」では、このような「希求」には関心はない。死はあくまでも自然現象であり、その自然現象をできるだけスムーズに受け入れるためには、どのような物語が抵抗なく、受け入れられるか、という点から、人は「肉体」と「たましい」からできており、「たましい」

れている。

が「肉体」を離れることを「死」と考える、そして、離れた「たましい」が多くの場合、

「ご先祖」になる、という「物語」が生まれてきて、それが一般化しているといってよい。

そこでは、生きているときの自分が形を変えて永続することができる、という願望が満たされている。

一方、仏教では、生きている間に人生の問題を解決する道に出遇わないかぎり、死後は迷いの延長でしかない。つまり、死んだからといって解決できる問題はなにもない、ということになる。「死」は、六道輪廻《ろくどうりんね》（迷いの世界）のあらたな「輪廻」のはじまりでしかない。

「浄土」は、そうした六道輪廻とはまったく異質な「最高の智慧」が満ちた世界なのである。だから、「阿弥陀仏の物語」では、「浄土」に生まれるためには、肉体的死が不可欠であるが、それだけで十分だとは考えていない。「本願」という教えに目覚める経験が必須であり、称名《しょうみょう》の実践によって「浄土」の一端を生き始める、ということがなによりも必要とされる。

親鸞は、とくにこうした宗教的覚醒（「回心《えしん》」）による、あらたな精神世界のはじまりを強調する。「浄土」を自然宗教の「あの世」と同じように、死を契機としないと到達できない世界だと思い込むと、親鸞の「浄土」は遠くなるばかりであろう。「阿弥陀仏の物語」は、本願と出遇うことによって新たな精神の目覚めを教えるのであり、その自覚のなかで「浄土」への道も理解できるようになってくる。

先取りするようだが、親鸞が「真仏土《しんぶつど》」巻《かん》を設けたのは、本願《ほんがん》念仏の教えがはらむ矛盾を解決するためであろう。

すでに見てきたように、本願を信じて称名《しょうみょう》するという行為において、阿弥陀仏の心が念仏者の無意識の世界に届くのであるから、生きている間に強い安心感が生まれることもある。親鸞はそれを「正定聚《しょうじょうじゅ》」の境涯と位置づけたが、本人が凡夫《ぼんぶ》である事態には変わりはない。いまだ、「仏」になったわけではない。「仏」になるのは、まださきのことである。

そもそも、「凡夫」と「仏」の間には、想像を絶する違いがある。その「凡夫」が称名という行為のみによって「仏」になるというのは、普通の論理ではありえない。だが、本願念仏の教えは、「凡夫」が「仏」になると教える。なぜならば、「凡夫」にも「仏性《ぶっしょう》」という「仏」になる可能性が具わっているからであり、称名という特別の「行《ぎょう》」が用意されているからだ。

にもかかわらず、「凡夫」に「仏性」が開花しないのはなぜなのか。それは「凡夫」の煩《ぼん》悩《のう》のせいだ、という。つまり、「凡夫」に「仏性」があることは、理屈上のことであって、現実には実現が不可能なのである。つまり、すべての人に「仏性」があるというのは、矛盾した言い方なのである。

だが、「浄土」を想定すると、この矛盾は容易に解決される。つまり、いかなる人間であっても、「浄土」に生まれるならば必ず「仏」になるという世界を設定するならば、「凡夫」は「浄土」に生まれさえすれば、容易に「仏」になることができるのである。そこでは、「仏性」がありながらその開花が実現しないという矛盾的あり方は、解消されることになる。

つまり、「浄土」は、現実世界の常識では矛盾する考え方が解決される世界であり、仏教徒としての理想＝「悟り」が容易に身につく世界なのである。もし、本願念仏の教えに「浄土」を設けないならば、「凡夫」と規定された人間には「仏」になるという救済はないことになる。

たとえば、「真仏土」巻には、現実世界では「断善根《だんぜんこん》」（悟りの因が断たれている存在）ともいわれる「一闡提《いっせんだい》＊」でも、「浄土」においては成仏することができることが紹介されている。

よく知られているように、仏教においては、一切の存在には「仏性」があるとされている。にもかかわらず、経典には「一闡提」とよばれる人々は「仏」になることができない、と断言されている。これもまた、矛盾であろう。「一切衆生悉有仏性《いっさいしゅじょうしつうぶっしょう》」といいながら、「仏性」が

「一闡提」：断善根ともいう。仏教を誹謗する者。仏教が教える真理はないと主張する者。

断ぜられている存在がいるのだ。

この矛盾した言説に対して、「真仏土」巻では、『涅槃経《ねはんぎょう》』のつぎの一説が引用されている。

衆生《しゅじょう》の仏性《ぶっしょう》は現在《げんざい》に無《む》なりといえども、無と言うべからず。虚空《こくう》のごとし。性《しょう》は無なりといえども、現在に無と言うことを得ず。一切衆生また無常なりといえども、しかもこれ仏性は常住《じょうじゅう》にして変《へん》なし（岩波本、一六九頁）。

【大意】

現在の我々に、仏性があるとはいえない。なぜならば、煩悩にまみれているからだ。しかし、仏性がないと決めつけてはいけない。それは、あたかも「虚空」のようなものなのである。「虚空」は、たしかに日常的意識からは「なにもない」空間といえる。だが、まったくなにもないのではない。「虚空」と名づけるような実態があるのである。同じように、我々の仏性も、煩悩に満ちた現在の状態では、とてもあるとはいえない。だが、「虚空」の譬えのとおり、あるのである。たしかに、我々は時間的にも「無常」な存在である。しかし、仏の目から見れば、我々の「無常」だという事実もふくめて、一切は常住であり、変わることはない。仏性もまた、「無常」とは我々の意識とは別次元において、常住なのである。変わることはない。

つまり、「真仏土」巻における説明は、常識的立場とは別に、いわば真理の立場からの説明がなされるのである。そのために、常識的立場に支配されている私たちは、しばしば混乱に陥る。だが、「悟り」という最高の智慧を手にしている「仏」の立場から見れば、「一切衆生悉有仏性」がどのような事態であるのかは、引用されている経典の文章を丁寧に追うことによって、辛うじて了解はできるであろう。

「光明」(「最高の智慧」)が満ちている世界

「真仏土《しんぶつど》」を成立させている本願は、第十二願(「光明無量《こうみょうむりょう》の願」)と第十三願(「寿命無量《じゅみょうむりょう》の願」)である。

第十二願「たといわれ仏《ぶつ》を得《え》たらんに、光明《こうみょう》よく限量《げんりょう》ありて、下《しも》、百千億那由他《ひゃくせんおくなゆた》の諸仏の国を照らさざるに至らば、正覚《しょうがく》を取らじ」(岩波本、一六一頁)。

【現代語訳】
もし私が仏になったならば、無限の光明をもって無数の国々を照らすようにしたい。そうでなければ私は仏になりません（ちくま学芸文庫版『無量寿経』、一六一頁）。

第十三願「**たといわれ仏を得たらんに、寿命《じゅみょう》よく限量ありて、下、百千億那由他の劫《こう》に至らば、正覚を取らじ**」（岩波本、一六一頁）。

【現代語訳】

もし私が仏になったとき、寿命に限りがあって、はるかな時を経て尽きるようなことがあれば、私は仏になりません（ちくま学芸文庫版『無量寿経』、一七〇頁）。

法然は、この二つの願によって、衆生の救済が空間的、時間的に制約されることがない、とつぎのようにのべている。「光明無量の願、横《おう》に一切衆生をひろく摂取《しょうしゅ》せんがためなり。寿命無量の願、竪《たたさま》に十方世界をひさしく利益《りやく》せんがためなり」（「三部経大意」『定本親鸞聖人全集』ワイド版第六巻、一一頁）。

親鸞は、この二つの願によって「真仏土」という「浄土」が形成されているとする。とくに、「光明無量の願」を重視して、「浄土」の主は「不可思議光如来《ふかしぎこうにょらい》」であり、その「土」は「無量光明土」とする。

「浄土」を「光明」に満ちた世界だとする親鸞の認識は、『大阿弥陀経』からの引文におい

ても明瞭にうかがわれる。いわく、

阿弥陀仏の光明は最尊《さいそん》第一にして比《なら》びなし（岩波本、一六三頁）。

そして、いかなる存在も、この光明を見ると、「慈心歓喜《じしんかんぎ》」しないものはいないし、「善」をなさざるものもいない。また、「死して後、憂苦《うく》を解脱《げだち》」できるのである。

また、世界に遍満しているのは光明のみならず、その「名」も響き渡っている。

〔その〕**阿弥陀仏の声《みな》を聞きて、光明を称誉《しょうよ》して、朝暮《ちょうぼ》に、常にその光好《こうごう》*を称誉して、心を至して断絶《だんぜち》せざれば、心の所願《しょがん》にありて、阿弥陀仏国に往生す**（岩波本、一六四頁）。

この後、親鸞は「名」については言及せず、もっぱら「光明」に終始する。なぜか、それは「光明」こそ「最高の智慧《ちえ》」（「悟り」の内容）のシンボルだからである。いわく、

光明は不羸劣《ふるいれち》*に名づく、不羸劣とは名づけて如来と曰《い》う。また光明は名づけて智慧とす（岩波本、一六五頁）。

「浄土」が「光明」に満ちているとは、〈最高の智慧〉に満ちているということであろう。その〈最高の智慧〉が満ちていることを、「真仏土」巻では「常」という。たとえば、つぎのとおり。

一切有為《うい》は、皆これ無常なり。虚空は無為《むい》なり、この故に常《じょう》とす。仏性は無為なり、この故に常とす（岩波本、一六五頁）。

「一切有為」とは、人がなす行為のすべてであり、それは生滅変化を免れないから「無常」ということになる。だが、「虚空」はその虚空性によって、一切をふくむ場なのであり、いかなる変化をも許容できる世界といってもよいだろう。それゆえに、常識がいうところの為すとか、為さない、あるいは、有るとか、無いという枠を超えていることになり、それ故に「常」というのである。つまり、ここでいう「常」は、「無常」と対立する言葉ではなく、「無常」をもふくんだ、もう一段と高いレベルの概念ということになろう。それは、人間の判断にもとづく言葉なのではなく、仏の判断にもとづく言葉だということになる。

ところで、このような〈最高の智慧〉が満ちている様子は、私たちには分からない。私たちが〈最高の智慧〉を見ようとするならば、「浄土」に生まれるしかない。念仏という仏道が最終的には「浄土」への往生をすすめるのは、このような〈最高の智慧〉を見るためである。比喩的にいえば、「光明」に浴する以外に「凡夫」が「仏」になる方法はないのである。ちなみに、親鸞は「真仏土」巻のなかで、〈最高の智慧〉(「悟り」)のことを、仏、涅槃、道、仏性、無為、虚空、虚無、如来、菩提など、経典や論書で用いられている言葉を総動員して紹介している。

「真仏土」と「凡夫」

「浄土」(「真仏土《しんぶつど》」)は、阿弥陀仏の国であり、仏の世界であり、〈最高の智慧《ちえ》〉が満ちている世界である。それゆえに、その内実が「凡夫《ぼんぶ》」である私たちには理解できないのは当然であろう。親鸞もまた、経典や論書の言葉を用いて、その世界をイメージできるように苦労を重ねているように思われるが、親鸞がこの巻を製作した真意は、別の所にあるようにも思われる。

つまり、「浄土」に遍満《へんまん》するという〈最高の智慧〉が、「凡夫」である私たちとどのような

「光好」:光の美しさ
「不羸劣」:衰えないこと。「羸」は弱ること。

関係にあるのかを探りあてて、念仏という仏道を歩む上での励ましとしたい、という思いがあったのではないか。

というのも、「真仏土」巻を読んでいると、「凡夫」には想像もできない「浄土」の様子を経典や論書を引用しながら考究しているなかで、突如、〈最高の智慧〉が私たちに関係している、いわば「仏」と「凡夫」の接点に論及するのである。たとえば、つぎのような点だ。

一つは、「如来」の説明のなかに、つぎの一文がある。


如来は実に畢竟涅槃《ひちきようねはん》にあらざる、これを菩薩と名づく（岩波本、一六八頁）。


この一文の前には、如来は全世界に遍満しており、その遍満を妨げるものはなにもないという意味では、そのあり様は「虚空」というべきであり、それ故に、如来は「常住にして変《へん》易《やく》あることなければ名づけて実相《じちそう》と曰《い》う」とある。

つまり、「常住にして変易あること」がないということは、逆に「仏」を「涅槃」という固定観念で理解する必要もない、ということであろう。だから、「涅槃」の境涯に静的にとどまっているのではなく、「菩薩」として活動していると考えても、なんら不思議はない、ということにもなる。それが、右の文の意味するところではないか。

つまり、〈最高の智慧〉を身につけた仏は、仏よりも、より人間世界に近い菩薩として、私たちにかかわっている、ということになる。親鸞の好きな言葉でいえば、「還相《げんそう》の菩薩」として「仏」が私たちにふれるのである。もっといえば、私たちにとっての「仏」は、「還相の菩薩」以外にはない、ということであろう。「浄土」と私たちを結びつける接点は「還相」の活動をおいてほかにない、ということだ。

　二つは、「凡夫」が「悟り」を手に入れるためには、最終的には阿弥陀仏に遇うという経験が必須だとされており、その経験は現世では不可能とされる。それ故にこそ、私たちは、「浄土」に生まれる必要がある、と説かれている。このことに関して、「真仏土」巻では、つぎのような『涅槃経《ねはんぎょう》』からの引用がある。

　まず、「仏性《ぶっしょう》」（悟り）が分かるという場合に二種ある、という。一つは「眼見《げんけん》」であり、二つは「聞見《もんけん》」である。前者は「眼で見てはっきりと分かる」ということであり、後者は、「耳で聞いて了解する」ということである。「見」は、理解するとか、了解するという意味。

　そして引文では、つぎのようにすすむ。

諸仏世尊《しょぶつせそん》は眼《まなこ》に仏性を見《み》そなわす（中略）**十住《じゅうじゅう》の菩薩、仏性を聞見すれども、ことさらに了了《りょうりょう》ならず**（岩波本、一七四頁）。

諸仏世尊は眼で「仏性」をはっきりと見るが、「十住の菩薩」は、「仏性」とはなにかを聞いて知ることはできても、仏のように「眼見」が不可能だから、明瞭に理解することはできない、というのである。

そして、「眼見あり。諸仏如来なり」と、「眼見」は「諸仏世尊」にのみ許されている行為であることを断った上で、つぎのように記すのである。「十住の菩薩は、仏性を眼見し、また聞見することあり」、と。

こうなると「十住の菩薩」とはなにものか、ということになろう。「十住」とは、菩薩の修行すべき五十二段階のうちの第十一位から第二十位までをさす。論書《ろんじょ》の説明によると、第十一位の位に入る以前の十位までの修行者は、「仏性」については「聞見」しかできないが(ただし「信」がなければ「聞見」もできない)、第十一位以後になると、菩薩も「聞見」に加えて「眼見」も可能となる、というのである。

ところで、親鸞はなんのために「仏性」の理解をめぐって、「十住の菩薩」を紹介するのであろうか。星野《ほしの》元豊《げんぽう》によれば、「十住の菩薩」とは「他力信者」のことだという思いが親鸞にはあったからではないか、と推測する(『講解教行信証』、一五〇一頁)。

たしかに、すでに見てきたように、阿弥陀仏は「南無阿弥陀仏」になっていて、その名を称することは、私のなかに阿弥陀仏のはたらきが生まれていることを意味する。そうとなれば、本人が意識するかどうかは別にして、論理的には、私は「仏性」の一部をすでに手に入れていることになるではないか。そうとなれば、星野の推測も肯定できる。

それにしても、「仏性」が「眼見」できるとは、「凡夫」からすると、途方もない神秘主義的主張のようにも受け止められる。そもそも、親鸞は法然が放擲《ほうてき》した聖道門《しょうどうもん》の修行のカリキュラムを使ってまで、他力の信心の性格を明らかにしようとする意図はどこにあるのか。「十住の菩薩」はあくまでも「菩薩」であって、「凡夫」ではない、という立場もある。そういう立場からいえば、親鸞の確認作業には、浄土仏教の理論化という面だけではなく、そのことによって、法然に比べると旧仏教的表現に依存するという反動の要素が生まれているともいえるのではないか。あらためて、のちに考えてみたい。また、「仏性」を見るということについては、「真仏土」巻を結ぶ一節のところでも再度ふれてみる。

ところで、「浄土」と「凡夫」との接点ということから気になるのは、「知諸根力《ちしょこんりき》」に関する引用であろう。

如来は知諸根力を具足《ぐそく》したまえり（中略）この故によく一切衆生上中下《いっさいしゅじょうじょうちゅうげ》の根《こん》、利鈍《りどん》の差別《しゃべち》を知ろしめして、人に随《したが》い、意《こころ》に随い、時に随うが故に、如来知諸根力と名づけたて*

「**知諸根力**」：衆生の能力や性質などを見分ける力。仏の特別の能力。「根」は性質。／「**犯四重禁**」：僧侶の罪状で、淫、盗、殺人、悟っていないのに悟ったという、四種の罪を犯すこと。／「**五逆罪**」：五種の極悪罪。殺母、殺父、聖者を殺す、仏身を傷つける、教団の破壊。

まつる。乃至　あるいは説きて犯四重禁《ぼんしじゅうきん》*、作《さ》五逆罪《ごぎゃくざい》*、一闡提等《いちせんだいとう》、みな仏性ありと言うこととあり（岩波本、一七〇〜一七一頁）。

「知諸根力」とは、衆生の能力や性質（「根」）をよく知ること。〈最高の智慧《ちえ》〉が満ちているということは、それが一人ひとりの能力や性質に応じてはたらきかけている、ということを意味する。それゆえにこそ、現在に「仏性」があることはないといわれている「一闡提」も、未来において「仏性」を得ることがあると確約することができるのであろう。したがって、仏の説法もまた、人に随い、意に随い、時に随うのである。

要するに、仏教の真理は、普遍的であると同時に個別的であること、いや、個別的であるということをもって普遍的とする性質をもっているのであろう。親鸞が『歎異抄《たんにしょう》』のなかで、本願《ほんがん》は「親鸞一人がためなりけり」と感嘆したのも、如来の「知諸根力」のあり方に触れたからであろう。普遍は、具体的、個別的であることによって、その普遍性を確実にするものなのである。「真仏土」のあり方から親鸞が学んだ重要な点ではなかろうか。

「本願力回向に由る」

「真仏土《しんぶつど》」巻《かん》を結ぶに当たって、親鸞はつぎのような一節からはじめている。

しかれば如来の真説《しんせち》*、宗師《しゅうし》の釈義《しゃくぎ》*、明《あきら》かに知んぬ、安養浄刹《あんようじょうせち》*は真《しん》の報土《ほうど》*なることを顕《あら》わす。惑染《わくぜん》*の衆生《しゅじょう》、ここにして*性《しょう》*を見ることあたわず、煩悩《ぼんのう》に覆わるるが故に。経《きょう》には「われ〔釈尊〕十住《じゅうじゅう》*の菩薩《ぼさつ》、少分《しょうぶん》、仏性《ぶっしょう》を見ると説く」と言《のたま》えり。かるがゆえに知んぬ、安楽仏国《あんらくぶっこく》に到れば、即ち必ず仏性を顕わす。本願力《ほんがんりき》の回向《えこう》*に由るが故に。また経には「衆《しゅ》生《じょう》未来《みらい》に清浄《しょうじょう》*の身《しん》を具足《ぐそく》し荘厳《しょうごん》*して仏性を見ることを得《う》」と言《のたま》えり（岩波本、一八四頁）。

ここで親鸞が強調していることは三点ある。一つは、阿弥陀仏の浄土が「真《しん》の報土《ほうど》」だということ。中国で阿弥陀仏の信仰が強くなってきたころ、阿弥陀仏の浄土は真実の仏土ではなく、修行もできない劣った人間の行く、劣った世界だという評価が、学者を中心になされ

「如来の真説」：『無量寿経』やその異訳経典。／「宗師の釈義」：曇鸞の『浄土論註』や善導の『観経疏』など。／「安養浄刹」：阿弥陀仏の浄土。／「報土」：本願に応じて生まれた世界。／「惑染」：惑は迷い、煩悩のこと。迷いに満ちていること。／「ここにして」：娑婆世界のこと。／「性」：仏性のこと。／「十住」：菩薩の修行の階梯の一つ。／「本願力の回向」：阿弥陀仏の本願の力を与えられること。／「清浄」：一点の煩悩もない状態。／「荘厳」：美しく飾ること。仏・菩薩が智慧などで身を飾ること。

ていた。そうした貶しめに対して、浄土仏教を支持する学匠たち、とくに善導《ぜんどう》は、阿弥陀仏の浄土こそは、阿弥陀仏がその前身である法蔵《ほうぞう》の時代に建てた誓願《せいがん》に報いて生まれたものであり、すべての人々が仏になることができる真実の仏土だ、と主張した。この主張によって、阿弥陀仏に対する信仰は、格段に広まることになる。しかし、現代の視点からいえば、それは歴史的な出来事であり、現代の私たちに、どれほどの意味をもつのかは明らかではない。それ故に、本書でも多くをふれることはしなかった。

ただ、「真仏土」巻における善導の「報土」論には、それなりの紙面が割かれており、またその論説にも重みがある。とくに、私個人は、善導が四十八願《しじゅうはちがん》のすべてに、阿弥陀仏の名を称するものはすべて阿弥陀仏の国に生まれることができる、という誓いが隠されているとする了解には、心を動かされた。

つまり、第十八願は四十八願のすべてを貫く、〈根本願《こんぽんがん》〉だという宣言なのである。こうした解釈こそが、阿弥陀仏の浄土が一切の衆生に開かれた「真の報土」であることを証明することになったのであろう。

二つは、「凡夫《ぼんぷ》」はそのままでは「仏性」を見る、つまり「悟り」を手にすることは不可能なのであり、それが実現するのは阿弥陀仏の浄土に生まれたときだ、という断定である。

三つは、その「凡夫」が浄土に生まれることができるのは、ひとえに阿弥陀仏の本願力による、という確認である。阿弥陀仏の「浄土」は、〈最高の智慧《ちえ》〉が満ち溢れている。その智慧に出遇うことによって、「凡夫」も「仏」になることができる。ただし、それは阿弥陀仏から与えられた本願の力、つまり「南無《なむ》阿弥陀仏」と称することによってはじめて実現することなのである。

さきに紹介しておいたように、親鸞にとって「真仏土」とは、阿弥陀仏の光明が満ち溢れている世界なのであり、それは「悟り」という〈最高の智慧〉があふれている場を意味する。「凡夫」が「仏」になるのは、その場に身をおいたときであり、それは、「凡夫」のなせる力ではなく、まったく阿弥陀仏の本願力による。

第八章　「方便化身土」巻

非真実を包摂する論理

親鸞が本願《ほんがん》念仏の根拠を第十八願から第十七願に移したことにより、あらためて第十八願とはなにを約束する願であるのかを検討する必要が生じた。その結果が、「信《しん》」巻《かん》を生み出したのである。また、「真実信心《しんじつしんじん》」という、称名《しょうみょう》によって私たちに与えられる阿弥陀仏の心を強調するなかで、真実の信心が意識されればされるほどに、己の非真実な信仰心が意識されるようになり、その非真実な信仰のあり方をどのように考えるか、によって「真仏土《しんぶつど》」巻《かん》が生まれ、またそれと対応するように「方便化身土《ほうべんけしんど》」巻《かん》が生まれてきたと考えられる。

つまり、「真仏土」巻は、はじめから「方便化身土」巻を前提に考えられていたのであり、両者はセットになっているといってよいだろう。

そして、「真実信心」あるいは「金剛《こんごう》の真心《しんしん》」が明らかになるにしたがい、それからは遠い宗教心のあり方が目立つようになるなかで、そうした非真実な信心をいかに扱うかが全面的に問題となってくる。それらを非真実なのだから、排除、切り捨てにするという方法もあろう。しかし、あらゆる事象に〈つながり〉（＝「縁」）を認める仏教の立場からいうと、切り捨てることによって、解決できる問題はない。となれば、真実と非真実の間に橋を架ける必要が出てくる。非真実が真実に転化する契機を明確にすることである。それは、真実に目覚めたものの義務といってもよい。そうでなければ、真実に目覚めるということは、たんなるエリート意識を生み出すだけで、一切の衆生《しゅじょう》を仏たらしめんとする仏教の目的とは遠いことになる。

さきに紹介したように、「方便」という言葉は、インドの言葉では、「近づく」という意味であり、真理に近づくことをいう。親鸞がここで「方便」というのは、真実にいたる〈途中〉という意味が強い。つぎの「化身土」という言葉も、「化身《けしん》」と「化土《けど》」の二つの意味がふくまれているが、前者は、真実の阿弥陀仏ではなく、行者を真実の仏たらしめるために、かりにその宗教的要求に応じている仏のすがたであり、後者は真実の浄土ではなく、その辺地《へんじ》（郊外）、あるいは途中にある浄土のことである。「化土」は「報土」と対になる言葉であり、「報土」は本願に応じて現れる浄土だが、「化土」は人間の信心の内容に応じて現れる。

では、非真実を真実から切り捨てたり、排除するのではなく、真実へいたる道のなかに非真実を位置づけるためには、どのような論理があるのか。親鸞は、「方便化身土」巻でそうした論理の構築に努力する。

以下は、そうした親鸞の工夫になる、非真実を包摂《ほうせつ》する論理を中心に紹介する。ただ、のっけから水を差すようなことをいうが、こうした包摂の論理は、論理を運用する主体者自身の、親鸞の場合でいえば、明確な「真実信心」がないと、たちまち、ズルズルの現実肯定という、もっとも避けねばならない論理にすり替わる危険がきわめて大である、ということだ。くり返すが、包摂の論理は、『教行信証』に即していえば、私自身の「真実信心」が明確なときにのみ力を発揮するということである。

「真の仏弟子」

「信《しん》」巻《かん》のなかで、親鸞は「真の仏弟子」に言及し、それに関係して「仮」や「偽」というあり方があることにふれている（岩波本、七七頁、一〇二頁、一〇八頁）。

「真の仏弟子」とはつぎのとおり。

> 真《しん》の仏弟子《ぶつでし》と言うは、真《しん》の言《ごん》は偽《ぎ》*に対し仮《け》*に対するなり。弟子とは釈迦《しゃか》諸仏《しょぶつ》の弟子なり、金剛心《こんごうしん》の行人《ぎょうにん》*なり。この信行《しんぎょう》*に由りて必ず大涅槃《だいねはん》を超証《ちょうしょう》*すべきが故に真の仏弟子と曰《い》う
（岩波本、一〇二頁）。

「真の仏弟子」とは、右の文では「金剛の行人」とよばれているが、第十八願によって、阿弥陀仏の心が無意識の世界に流入している念仏者（「金剛の真心」の持ち主）のことである。それに対して、「仮」の仏弟子は、「聖道《しょうどう》の諸機《しょき》、浄土《じょうど》の定散《じょうさん》の機《き》」（岩波本、一〇八頁）のことであり、「偽」の人々とは「六十二見《ろくじゅうにけん》・九十五《くじゅうご》種《しゅ》の邪道」（右に同）を信じている人々のことである。

「聖道」とは、法然によって全否定されたそれまでの仏教のことで、「自力《じりき》」を尽くして「悟り」に到達しようとする人々のことである。「諸機」の「機」は人をさす。人間は、条件次第でどうとでもなる存在であることを、機織りの機械のなかで装置の動きをそれぞれに伝える仕掛け（「機」）に例えた。浄土仏教ではなく、それまでの伝統的な仏教で修行している人々のことが「聖道の諸機」である。あるいは、浄土教でも、瞑想（「定」）や道徳的善行を実践して（「散」）、その力によって浄土に生まれることを期している人々をいう。

「偽」の人々とは、仏教以外の教えを実践している人々。「六十二見」とは古代インドの仏教以外の修行など、「九十五種」は釈尊が生きていたころにあった仏教以外の教えのこと。

親鸞としては、こうした「仮」や「偽」の求道者たちに言及せざるをえないのは、「金剛の行人」あるいは、「金剛の真心」をもつ念仏者がなんと少ないことかという実感があったからであろう。実際、右の「真」「仮」「偽」の求道者に言及した直後に、すでに紹介しておいたように、親鸞自身が「定聚《じょうじゅ》の数に入ることを喜ばず、真証の証《さとり》に近づくことを快《たの》しまざることを、恥ずべし傷むべし」と嘆息する言葉を吐いている。

第十七願と第十八願の教えどおりに、称名《しょうみょう》を暮らしの根本に据えることがどれだけむつかしいことであったのか。そういう内省が、こうした非真実の求道に対する分析をすすめることになったのであろう。たんなる外面的な批判からではないことを知っておく必要がある。

「仮の仏弟子」

「仮《け》の仏弟子」が存在する根拠は、経典でいえば『観無量寿経《かんむりょうじゅきょう》』にある。『観無量寿経』は、普通に読めば、つぎのような実践を説いている経典である。一つは、日没の状態を観る「日《にっ》想観《そうかん》」からはじまり、阿弥陀仏や阿弥陀仏の浄土、浄土の菩薩たちに対する観察にいたる

「**偽**」(の仏弟子):仏弟子を装う非仏教徒。/「**仮**」(の仏弟子):聖道門の修行者や浄土門であっても、定善(瞑想)・散善(道徳)を目指す人々。/「**金剛心の行人**」:阿弥陀仏の心を得た念仏者。その信心の強固さを「金剛」に譬える。/「**信行**」:信は阿弥陀仏によって与えられる「まことの心」。行は南無阿弥陀仏と称すること。/「**超証**」:一挙に悟る。超は順序をふまずに一挙に目的地にいたること。証は悟ること。

「定《じょう》」とよばれる瞑想、二つは、そのような瞑想ができない人が日常の心持ちのまま、仏教の教えを守り、また道徳的善行を積んで、浄土に生まれることを期する「散《さん》」とよばれる行《ぎょう》、三つは、そうした「定」や「散」が実践できない場合（悪人など）は、臨終《りんじゅう》の際に念仏をせよ、といった実践が説かれている。

また、浄土に関する三部経《さんぶきょう》として、『無量寿経』、『観無量寿経』とならんで重視される『阿弥陀経』では、阿弥陀仏の名号《みょうごう》を「一心不乱」に称え続けよ、そうすると、臨終において心が顛倒せず、阿弥陀仏の国に往生できる、と説かれている。

いずれにしても、「自力《じりき》」を尽くして浄土に生まれることを期する内容となっている。これは、「他力《たりき》」の教えからすれば矛盾であろう。阿弥陀仏は私たちに「自力」を要求しているのか、といった不信や不安が生じるではないか。

一方、不思議なことに、四十八願《しじゅうはちがん》のなかにも、『観無量寿経』や『阿弥陀経』の教えを支持する願がある。前者に対しては、第十九願があり、後者に対しては第二十願がある。

第十九願は、つぎのとおり。

たといわれ仏《ぶつ》を得《え》たらんに、十方の衆生《しゅじょう》、菩《ぼ》提心《だいしん》*を発《おこ》し、もろもろの功徳《くどく》を修《しゅ》し、心を至し*発願《ほちがん》してわが国に生れんと欲《おも》わん。寿終《じゅじゅう》の時《とき》に臨《のぞ》んで、たとい大衆《だいしゅ》と囲繞《いにょう》してその人の前に現ぜずは、正覚《しょうがく》を取らじ（岩波本、一八九頁）。

【大意】

もし私が仏になったとき、十方世界にいる人々が「悟り」を得ようと心を決めて、多くの功徳のある諸行を修行する。そして、願うところがあって、こころをこめて浄土に往生したいと欲すれば、その人の命終わろうとする時に、（私、阿弥陀仏は）浄土の菩薩たちにとりかこまれて、行者の前にすがたを現して、浄土に迎えとるであろう。もしそれができなければ、私は仏になりません（ちくま学芸文庫版『無量寿経』、二〇五〜二〇六頁。一部加除）。

また、『阿弥陀経』の教えに応じる『無量寿経』の第二十願は、つぎのとおり。

たといわれ仏を得たらんに、十方の衆生、わが名号《みょうごう》を聞きて、念《ねん》をわが国に係《か》けて、*も

「菩提心」：「悟り」を求める心。／「心を至し」：心をこめて。「念をわが国に係けて」（「係念我国」）：阿弥陀仏の国を慕うこと。／「もろもろの徳本を植えて」（「植諸徳本」））：阿弥陀仏の国に生まれるために功徳ある種々の行を実践すること。／「心を至し回向して」（「至心回向」）：心をこめて振り向けること。／「果遂」：目的を果たし遂げさせること。

ろもろの徳本《とくほん》を植えて、*心を至し回向《えこう》して、*わが国に生れんと欲わん、果遂《かすい》せず*は正覚をとらじ（岩波本、二〇五頁）。

【大意】

もし私が仏になったとき、十方世界にいる人々が阿弥陀仏の名を聞いて、阿弥陀仏の国を慕い、阿弥陀仏の国に生まれるために功徳のある種々の行を実践し、これらの功徳を心をこめて振り向けて、阿弥陀仏の国に往生したいと願えば、必ずその目的を果たし遂げさすであろう。それができなければ、私は仏になりません（前掲『無量寿経』、二〇六頁）。

もし、第十八願だけを至上の教えだとしないのなら、「自力」で浄土を願うこれらの行為もまた、「浄土」に生まれるための十分な条件を具えているといえるであろう。実際、法然以前の浄土教では、第十九願による往生が教えの中心を占めていた。そして、法然滅後の念仏者たちの四分五裂の原因も、こうした願文をめぐる評価や解釈から生じている面も強いのである。

しかし、親鸞は、四分五裂の危険性をはらむ、このような経典や願文を、『無量寿経』と、その第十八願を中心にして統一しようとする。それが、包摂《ほうせつ》の論理にほかならない。具体的には「顕彰隠密《けんしょうおんみつ》」の考え方であり、「要門《ようもん》・真門《しんもん》・弘願《ぐがん》」という三門《さんもん》の考え方であり、さらには「三願転入《さんがんてんにゅう》」の論理である。つぎにそれらを見ていこう。

「顕彰隠密」

まず「顕彰隠密《けんしょうおんみつ》」について。一般的にいえば、「顕」は表の意味のことであり、「彰隠密」とは、「隠密を彰《あきら》かにする」ということであり、裏の意味を示すことである。この術語自体は、善導《ぜんどう》の『観経疏《かんぎょうしょ》』に由来している。

善導は『観無量寿経《かんむりょうじゅきょう》』の叙述をはじめから読んでゆくと、自力《じりき》による浄土往生が説かれるが、終わりに近づくにつれて「応称無量寿仏」(「まさに無量寿仏(の名)を称うべし」)とか、「称南無阿弥陀仏」(「南無阿弥陀仏と称えしむ」)と記されるようになり、結びでは「即是持無量寿仏名」(「すなわちこれ、無量寿仏の名を持てとなり」)となるように、終わりからみれば『無量寿経』の第十八願の教えが説かれていることになり、『観無量寿経』の真意(「彰隠密」)は「称名《しょうみょう》」を説くところにある、とする(引用の読み下し文は岩波文庫『浄土三部経』下による)。

親鸞は、この善導の考え方を受け容れて、『観無量寿経』には、「顕」の意味と「彰」の意味があるとする。「顕」とは、「定善《じょうぜん》」と「散善《さんぜん》」などの極楽に生まれるための種々の善の実践を意味し、実践する人からいえば「三輩《さんぱい》」(上・中・下の三種の往生人)の人々をいう。そして、これらの人々が実践する行は「自力」であり、こうした自力の実践は、第十八願から見れば、「異の方便」（特別にすぐれた手段）の教えなのであり、「浄土」を求めさせるための教え（「忻慕《ごんぼ》浄土《じょうど》の善根《ぜんごん》」）だとする。

一方、『観無量寿経』の「彰」については、親鸞はつぎのようにのべている。

彰《しょう》と言うは、如来の弘願《ぐがん》を彰《あら》わし利他通入《りたつうにゅう》の一心を演暢《えんちょう》す。達多《だった》・闍世《じゃせ》の悪逆《あくぎゃく》に縁《よ》りて、釈迦《しゃか》微咲《みしょう》の素懐《そかい》を彰わす。韋提《いだい》別選《べちせん》の正意《しょうい》に因《よ》りて、弥陀《みだ》大悲《だいひ》の本願《ほんがん》を開闡《かいせん》す（岩波本、一九三頁）。

『観無量寿経』には、ビンビサーラ王がその子アジャセによって殺害されて、王位を簒奪《さんだつ》される悲劇が物語の中心にあるが、その際、アジャセの悪行がかえって釈尊の新しい説法がはじまる機縁となり、また王妃イダイケが釈尊に教えを乞うなかで阿弥陀仏の浄土に目を開く、といったことが生まれてくることからも分かるように、最終的には『無量寿経』の第十八願の教えが説かれているのだ、と解釈する。

このように、『無量寿経』と『観無量寿経』とは、「顕《けん》の義《ぎ》に依《よ》れば異《い》なり、彰《しょう》の義に依れば一なり」（岩波本、一九四頁）となる。

とくに、親鸞は『観無量寿経』の「三心《さんじん》」（「一者至誠心《しじょうしん》・二者深心《じんしん》・三者回向発願心《えこうほつがんしん》」）のなかでも、「深心」をもって、第十八願にいう「信楽《しんぎょう》」と同じだということを強調する。その理由は、「深心」は、人の起こす浅い心ではなく、阿弥陀仏の本願によって支えられている深い信心を意味しているからだ。

またこの経*に真実《しんじち》あり、これ乃ち金剛《こんごう》の真心《しんしん》を開きて、摂取不捨《しょうしゅふしゃ》を顕《あら》わさんと欲す。しかれば濁世能化《じょくせのうけ》*の釈迦《しゃか》善逝《ぜんぜい》*、至心信楽《ししんしんぎょう》の願心《がんしん》を宣説《せんぜち》*したまう。報土《ほうど》の真因《しんいん》*は信楽を正《しょう》とするが故なり。ここを以て大経《だいきょう》には「信楽」と言《のたま》えり、如来の誓願疑《せいがんぎ》蓋雑《かいまじ》わることなきが故に信と言《のたま》えるなり。観経《かんぎょう》には「深心《じんしん》」と説けり、諸機《しょき》の浅信《せんしん》に対せるが故に深《じん》と言《のたま》えるなり（岩波本、二〇一頁）。

同じことを親鸞は別のところで、もっとはっきりと「深心」が「信楽」と同じだ、と強調している。念のために紹介しておこう。「一心《いちしん》は即ちこれ深心《じんしん》なり。深い心は即ち堅固深信《じんしん》

「この経」：『観無量寿経』のこと。／「能化」：他人を教化する人。仏・菩薩のこと。／「善逝」：仏のこと。／「宣説」：仏自身が解説した部分をいう。仏自ら述べた、ということ。／「報土の真因」：浄土に生まれるための真実の因。

なり。堅固深信は即ちこれ真心《しんしん》なり。真心は即ちこれ金剛心《こんごうしん》なり。金剛心は即ちこれ無上心《むじょうしん》なり」(『浄土文類聚抄《じょうどもんるいじゅしょう》』『定本親鸞聖人全集』ワイド版第二巻、一四九〜一五〇頁)。

このように、親鸞によれば、「信楽」(『無量寿経』)、「深心」(『観無量寿経』)、「一心」(『阿弥陀経』)と、経典の文脈では言葉は違うが、いずれも「他力」の中核を示す言葉なのであり、『浄土論』の「一心」を加えていえば、いずれも根本は阿弥陀仏の心、つまり、〈まことの心〉を意味するのである。

どうして親鸞が、三つの経典の共通点のみならず、世親《せしん》の『浄土論』にまで言及して、その共通点を「一心」として理解しようとするのか。それは、法然が『無量寿経』と『観無量寿経』、『阿弥陀経』の三つの経典と、世親の『浄土論』を以て、本願念仏宗の根本聖典とみなしているからである(「三経一論《さんぎょういちろん》」という)。

『阿弥陀経』の「一心」について

『阿弥陀経』における「顕彰隠密《けんしょうおんみつ》」についてはすでにふれたが、あらためて親鸞の考えを紹介しよう。親鸞は、つぎのようにのべている。

経*に「執持《しゅうじ》*」と言《のたま》えり。また「一心《いちしん》」と言《のたま》えり。執《しゅう》の言《ごん》は心堅牢《しんけんろう》にして移転せざることを彰《あら》わすなり。持《じ》の言《ごん》は不散不失《ふさんふしち》に名づくるなり。一の言《ごん》は無二《むに》に名づくるの言《みこと》なり。心《しん》の言《ごん》は真実《しんじち》に名づくるなり、この経は大乗修多羅《だいじょうしゅたら》*の中の無問自説経《むもんじせちきょう》*なり。しかれば如来、世に興出《こうしゅつ》したまう所以《ゆえ》は、恒沙《ごうじゃ》の諸仏証護《しょぶつしょうご》の正意《しょうい》、ただこれにあるなり（岩波本、二〇四頁）。

『阿弥陀経』では、行者が「一心不乱」に名号《みょうごう》を「執持」すれば、かならず臨終《りんじゅう》に阿弥陀仏の来迎《らいごう》があると説くが、親鸞は、来迎よりも仏が世にあらわれたのは、名号の「執持」を説くところにあったと解釈している。

では、『阿弥陀経』にいう「一心」は、『無量寿経』の「至《し》心《しん》・信楽《しんぎょう》・欲生我国《よくしょうがこく》」の「三《さん》

「**経**」：『阿弥陀経』のこと。／「**執持**」：『阿弥陀経』のなかではつぎのようにのべられている。「舎利弗、もし善男子・善女人ありて、阿弥陀仏を説くを聞きて、名号を執持すること、もしは一日、もしは二日、もしは三日、もしは四日、もしは五日、もしは六日、もしは七日、一心にして乱れざれば、その人、命終の時に臨みて、阿弥陀仏、もろもろの聖衆と現じてその前にましまさん」、と。「執持」とは確実に保つこと。以下、「執」と「持」、また「一」と「心」の説明をしている。／「**大乗修多羅**」：大乗経典のこと。／「**無問自説経**」：仏自らが問われることなく、自発的に教えを説いた経典。

心《じん》」と、『観無量寿経』に説く「一者至誠心《しじょうしん》・二者深心《じんしん》・三者回向発願心《えこうほつがんしん》」の「三心」と、それぞれどのような関係にあるのか。

> 観経《かんぎょう》には「深心《じんしん》」と説けり、諸機《しょき》の浅信《せんしん》に対せるが故に深《じん》と言《のたま》えるなり。小本《しょうほん》*には「一《いち》心《しん》」と言えり、二行、雑《まじ》わることなきが故に一と言えるなり。また一心について深《じん》あり浅《せん》あり。深とは利他《りた》真実《しんじち》の心《しん》*これなり、浅とは定散自利《じょうさんじり》の心これなり（岩波本、二〇一頁）。

『観無量寿経』の「三心」の一つである「深心」について、それが「深い」というのは、阿弥陀仏の本願とは関係のない求道や、また本願を信じていても、「他力《たりき》」を理解しての信心ではない場合には、「浅い」心といわれているのであり、それらに比べるとき、阿弥陀仏の本願を信じる心は「深い」と考えられている。

一方、『阿弥陀経』にある「一心」に浅深があるとは、どういうことか。それは、阿弥陀仏から回向《えこう》された念仏であるにもかかわらず、自分の徳を積むための手段として、文字通り一心不乱に称名《しょうみょう》しても、それは「浅い」ということになる。右の引用文でいえば、「定散自利の心」が「浅い」ということになる。それに比べると、名号《みょうごう》が阿弥陀仏から与えられていることを知っており、称名に向かう心が堅牢で（「執」ということ）、他の行に関心を寄せない（「持」ということ）となれば、その「一心」は、阿弥陀仏から与えられた〈まことの心〉

ということなり、それがとりもなおさず「信心」ということになる。「深い」とは、そういう意味なのである。

ただ、『浄土論』の「世尊我一心」の解釈と同じように、『阿弥陀経』のいう「一心不乱」は、あくまでも行者の心持であり、そこに「他力」を認めることは、文面上からはむつかしい。だからこそ親鸞は、「一心不乱」よりも「名号の執持」という文字に着目したのであろう。そして、「執持」という心が、阿弥陀仏からの回向だと理解することによって、親鸞にとっては「一心不乱」は、その段階で行者の自力の心構えを離れて、「他力」の相となるのである。

こうして、親鸞は『観無量寿経』と『阿弥陀経』、それぞれの「顕彰隠密」を明らかにすることによって、『無量寿経』に説く第十八願との一致点が二経との間に見出されることになり、それこそが「一心」にほかならない、としてつぎのように結論づけている。

三経の大綱《たいこう》、顕彰隠密《けんしょうおんみち》の義ありといえども、信心《しんじん》を彰《あわ》わして能入《のうにゅう》とす。かるがゆえに経の始めに「如是《にょぜ》」と称す。如是の義は則ちよく信ずる相なり。いま三経を按《あん》ずるに、みな

「小本」：『阿弥陀経』のこと。／「利他真実の心」：阿弥陀仏が衆生を度するために起こす真実心。

以て金剛《こんごう》の真心《しんしん》を最要《さいよう》とせり。真心は即ちこれ大信心《だいしんじん》なり。大信心は希有《けう》最勝《さいしょう》真妙《しんみょう》清《しょう》浄《じょう》なり。何を以ての故に、大信心海《だいしんじんかい》は、甚《はなは》だ以て入《い》りがたし、仏力《ぶつりき》より発起《ほちき》するが故に。真実《しんじち》の楽邦《らくほう》、甚だ以て往《ゆ》き易《やす》し、願力《がんりき》によりて即ち生ずるが故なり。今まさに一心一異の義を談ぜんとす、まさにこの意《こころ》なるべしとなり。

三経一心の義、答え竟《おわ》んぬ（岩波本、二〇四〜二〇五頁）。

【大意】

『無量寿経』、『観無量寿経』、『阿弥陀経』の三つの経典の大筋は、顕彰隠密のちがいはあるが、要するに阿弥陀仏から与えられる〈まことの心〉（「信心」）を明らかにして、その〈まことの心〉に人々を入らしめるところにねらいがある。だから、経のはじめには「如是」と記されているのである。「如是」とは、「このように」ということだが、それは信心の意味である。今、三経の存在の意味を考えるに、いずれも「金剛の真心」を肝要としている。「真心」とは阿弥陀仏の心であり、「大信心」（「大」は阿弥陀仏のはたらきを示す）である。「大信心」は、類い稀な最勝の妙なる「清浄」なるものである。

なぜか。それは阿弥陀仏の心である真実の世界には、人間の自力では到達できないのであり、阿弥陀仏の力によって生まれた世界であるから、阿弥陀仏の力によってのみ入ることができる。つまり、阿弥陀仏の力に乗ずれば、容易に行き着くことができる世界なのである。

今まで、『阿弥陀経』の「一心」と、『無量寿経』と『観無量寿経』が説く「三心」の異同を論じてきたが、この「大信心」が三経ともに目指す教えなのである。これで三経の共通点が「一心」(「大信心」)にあることを答え終わった。

称名によって、阿弥陀仏の「金剛の真心」を獲得すること、それが三経を通じる「一心」の内実なのである。

ちなみに、「仮」や「偽」の仏弟子たちは、浄土に生まれることができても、浄土の周辺か、あるいはまだ浄土にいたらない途中にとどまって長い年月を過ごす、と経典にはある。このことに関しても親鸞は、「辺地《へんじ》」とか「化土《けど》」、あるいは「懈慢界《けまんがい》」とか「疑城胎宮《ぎじょうたいぐ》」とよばれる場所もまた阿弥陀仏の「報土《ほうど》」、つまり「浄土」のなかでのことにかわりはない、と強調している。ここにも、包摂《ほうせつ》の論理がはたらいているといえよう。

ただし、「報の浄土に生ずる者は、極めて少なし。化の浄土の中に生ずる者は少なからず」(岩波本、一九三頁)、という一節には、親鸞の感慨が込められているようである。

「顕彰隠密」論の陥穽

ところで、このような「顕彰隠密《けんしょうおんみつ》」の論理は、なんのためにもちいられているのであろうか。さきに、こうした論理は、しばしば、現実を無批判に肯定する考え方にすり替わるのではないか、という危惧を示しておいた。

というのも、師の法然が尊重したのは、「選択」や「廃立《はいりゅう》」という論理だからである。「選択」にせよ「廃立」にせよ、明白な価値の選択がある。自分の立場がどこにあるのかを鮮明にする論理、といえよう。それにくらべると、「顕彰隠密」は説明を受けると分かるが、説明がないと裏の意味まで了解することはむつかしい、といわねばならない。また、仮に裏の意味を教えられたとしても、結局は表の意味に終始する可能性は大変強い。本人の自覚次第という、危うさが内包されているといってもよいだろう。

この点、柏原裕泉《かしわはらゆうせん》の指摘は示唆的である。柏原は先輩の意見を紹介しながら、法然の「廃立」の論理は、「行《ぎょう》」のレベルのことであり、その行を実践する心持、信心の状態についての議論ではないのではないか、とのべている（『「顕浄土方便化身土文類」の考察』、三八頁）。

たしかに、「自力《じりき》」と「他力《たりき》」という問題は、自らの努力によって浄土に生まれようとするのか、阿弥陀仏によって与えられている称名《しょうみょう》という行に乗じて浄土を目指すのか、の違いであり、「称名」という行為自体は、外から見るかぎり、「自力」で実践されようが、「他力」によって実践されていようが、変わりはない。しかも、称名という行為自体は、どのような心持で実践されているのか、本人でないと分からない。阿弥陀仏から与えられている行為だとしても、それを称える時には、状況次第で自分に都合のよい「祈り」になったり、願望になったりすることもある。いつも、阿弥陀仏から与えられるがままに念仏している、と断言できないこともあろう。

だからこそ、親鸞は「真の仏弟子」と「仮」や「偽」の仏弟子のあり方にふれたのちに、「誠に知んぬ、悲しきかな愚禿鸞《ぐとくらん》、愛欲《あいよく》の広海《こうかい》に沈没《じんもち》し云々」という痛切な告白をしなければならなかったのであろう。それほどに、自己の信心のあり方には不安や、ゆきすぎた自信がつきまとうのである。

それだけに、「顕彰隠密」という論理は、おのれの信心を問うという、極めて主体的な営みを離れては、現状の信心をご都合主義的に解するという危険性をはらんでいるのではなかろうか。自力的解釈、半自力半他力的解釈をもって、「他力回向《えこう》の信心」と解する危険性である。

この点、いつも思いおこすのは、法然の「ただ」あるいは「一向《いっこう》に」念仏せよ、という教えである。「ただ」や「一向に」の難しさが、ある意味では親鸞の「顕彰隠密」、あるいは、包摂の論理を必要としてきたのかもしれない。

しかし、念仏を実践する立場からいえば、「一向に」「ただ」念仏する、というしかない。私の念仏は、第十八願を目的とする道筋の、いまだ途中にあるのだ、という思いでは、永続することはむつかしい。私なりに、「一向に」念仏するしかないのではないか。その「一向」が実を結ぶかどうかの自覚は、長い年月が必要に思われる。その年月のなかで、私のエゴのあり方が変化してくるのである。それは称名による功徳というしかない。長命であった親鸞は、晩年になるほど法然に対する尊崇の気持ちを強めてゆくが、それは教学的にいえば、「顕彰隠密」という論理を用いなくとも、「一向に」念仏することで充分だという思いが強くなってきたからではないか、と私は勝手に推測している。

「三願転入」

「三願転入《さんがんてんにゅう》」というと、なにか大ごとというか深遠な哲学的営みのように思われて、読者の方でもいささか構えてしまわないだろうか。これは私の勝手な推測だが、「三願転入」とよばれていることがらは、親鸞が自分に定着した本願念仏の内容をふりかえったとき、第十九願や第二十願が対象としているような心持で念仏をしていた時期のあったことに気づいて、あらためて「転入」の過程としてまとめようとした、ということではないのか。

というのも、親鸞にとって第十八願は、称名《しょうみょう》によって「金剛《こんごう》の真心《しんしん》」がわが心の底深くに流入することを誓う願なのであり、その実感は簡単ではない。第十九願や第二十願の対象になっている、もろもろの念仏の仕方に違和感をもち、阿弥陀仏はただひたすらに称念することだけを求めている、ということに気づくことでしか、第十八願を意識することはできないのではないか。

それゆえに、念仏だけでなく他の行《ぎょう》もあわせて実践している状態や、念仏を称えていても、自分の努力や精進として称えているという状態、これらの状態に気づくというあり方でしか第十八願は意識されない、ということなのである。

ということは、「三願転入」は、とりあえずは親鸞に特有の経験なのであり、すべての念仏者に当てはまるわけではない、ということであろう。

人によっては、第十九願ではなく、はじめから第二十願の念仏の実践に取り組んでいる人もいよう。そして、「自力」と「他力」の説明を受けて、自分の念仏が「自力」であったことに気づくというかたちで、第十八願のはたらきを受け入れるようになることもあろう。

要は、親鸞がいう第十八願のはたらきを実感するということは、念仏をする側からいえば、「ただ」、「一向に」称名をする、ということ以外にはないことなのである。そして、「ただ」、「一向に」念仏する暮らしのなかで、充足した気持ちに満たされるとき、第十八願がはたらいているといえるのである。

では、あらためて「三願転入」を示すといわれてきた文を読んでみよう。今、便宜のために、当該の文章を（a）（b）（c）の三つに分ける。

（a）悲しきかな、垢障《くしょう》*の凡愚《ぼんぐ》、無際《むさい》*よりこのかた助正間雑《じょしょうけんぞう》*し、定散心雑《じょうさんしんぞう》する*が故に、出離《しゅつり》*その期《ご》*なし。自ら流転輪回《るてんりんえ》を度《はか》る*に、微塵劫《みじんごう》*を超過《ちょうか》すれども仏願力《ぶつがんりき》*に帰《き》しがたく大信海《だいしんかい》*に入《い》りがたし。良《まこと》に傷嗟《しょうさ》*すべく、深く悲歎《ひたん》すべし。

（b）おおよそ大小聖人《だいしょうしょうにん》、一切善人《いっさいぜんにん》、本願《ほんがん》の嘉号《かごう》*を以ておのれが善根《ぜんごん》*とするが故に信《しん》を生ずることあたわず、仏智《ぶっち》を了《さと》らず、かの因《いん》*を建立《こんりゅう》せることを了知《りょうち》*することあたわざる故に報土《ほうど》*に入《い》ることなきなり。

（c）ここを以て愚禿釈《ぐとくしゃく》の鸞《らん》、論主《ろんじゅ》*の解義《げぎ》を仰《あお》ぎ、宗師《しゅうし》*の勧化《かんけ》に依《よ》りて、久しく万行諸善《まんぎょうしょぜん》*の仮門《けもん》を出でて、永く双樹林下《そうじゅりんげ》の往生*を離る。善本徳本《ぜんぼんとくほん》*の真門《しんもん》に回入《えにゅう》して、ひとえに難思往生《なんじおうじょう》*の心《しん》を発《おこ》しき。しかるに、今まことに、方便《ほうべん》の真門を出でて、選択《せんじゃく》の願海《がんかい》に転入せり。速かに難思往生の心を離れて、難思議往生《なんじぎおうじょう》*を遂げんと欲《おも》う。果遂《かすい》*の誓まことに由《ゆえ》あるかな。ここに久しく願海に入りて、深く仏恩を知れり。至徳《しとく》を報謝のために、真宗の簡要《かんよう》をひろうて、恒常《ごうじょう》に不可思議の徳海《とくかい》*を称念《しょうねん》す。いよいよこれを喜愛《きあい》し、ことにこれを頂戴するなり（岩波本、二一四頁）。

（a）の部分は、第十九願の対象となる、諸行の実践をもって往生を願うという「自力」の求道を続けていたことを示す。

（b）は、諸行ではなく、念仏を選んだものの、自分の力として称名するという、第二十願

（a）「**垢障**」：煩悩を垢や障りに譬える。／「**無際**」：はじめも定かでない大昔。／「**助正間雑**」：五正行中の助業（読誦・観察など）と正定業（称名）を区別せずに交えて実践すること。／「**定散心雑する**」：定善や散善の実践という自力が混じること。／「**出離**」：迷いの世界を出ること。／「**期**」：目当て。／「**度る**」：推測する。／「**微塵劫**」：無限の長い時間。／「**仏願力**」：第十八願。／「**大信海**」：金剛の真心を海に譬える。／「**傷嗟**」：悲しみ歎くこと。

（b）「**本願の嘉号**」：南無阿弥陀仏というよき名。／「**善根**」：善を樹木の根に譬える。／「**かの因**」：本願のこと。／「**了知**」：はっきりと知ること。／「**報土**」：真実の浄土。

（c）「**論主**」：天親と曇鸞のこと。／「**宗師**」：善導のこと。／「**万行諸善**」：第十九願が対象にしている諸善。／「**双樹林下の往生**」：歴史的人物である釈迦の入滅、「化土」往生のこと。第十九願に依る自力による往生。／「**善本徳本**」：第二十願の対象とする行。／「**難思往生**」：第二十願による往生。第十九願の双樹林下の往生と第十八願に依る「難思議往生」とあわせて三往生という。／「**難思議往生**」：第十八願に基づく往生。／「**果遂の誓**」：第二十願のこと。／「**徳海**」：名号の不可思議の徳を海に譬える。

的な本願理解に親しんでいた時期をあらわす。

また、（a）は「要門」の時代であり、（b）は「真門」の時期とよばれる。「要門」は善導の用いた言葉。浄土に生まれるための肝要な教えの入り口、のこと。具体的には、『観無《かんむ》量寿経《りょうじゅきょう》』に説く「定散《じょうさん》二門」のこと（岩波本、一九四頁参照）。「真門」は、名号の真意を説いて、第十八願に導くための法門のこと。浄土三部経《さんぶきょう》の説明の箇所に出てくる言葉。浄土三部経を比較するところで、『阿弥陀経』には「ただ真門をひらきて方便の善なし」（岩波本、二〇〇頁）、とある。『阿弥陀経』には、「念仏」によって往生する道が説かれているが、それを保証する「法《ほう》」は真実だが、それを実行する人間の側は、まだ「自力《じりき》」にとどまっているから、「真実門」とはいわずに「真門」という、と（金子大栄編『親鸞著作全集』、二五九頁）。

ちなみに、善導《ぜんどう》は、『観無量寿経』の教えが「定散二善」を説く「要門」であることに対して、『無量寿経』に説く「第十八願」に基づく往生は「弘願《ぐがん》」とよんでいる。「弘願と言うは、大経《だいきょう》の説《せち》のごとし。一切善悪の凡夫《ぼんぶ》生ずることを得るは、皆、阿弥陀仏の大願業力《だいがんごうりき》に乗《じょう》じて、増上縁《ぞうじょうえん》とせざるはなきなり」（岩波本、四一頁）、とある。「大願業力」は、くりかえすと、阿弥陀仏の本願の力と、法蔵《ほうぞう》菩薩のときの修行の力。「増上縁」とは「縁」のなかでも、往生という「果」に対して強力にはたらきかける「縁」をいう。

このように、「要門」を経て「真門」に達し、さらに「弘願」に帰すことが、親鸞のいう

「三願転入」にほかならない。

このようにして、第十九願に裏付けられた諸行や、第二十願にもとづく「自力」の念仏は、第十八願にいう「ただ」念仏するということに到る過程なのだ、と位置づけられることになった。だが、もし、三願の間に価値判断がはたらくと、第十九願や第二十願の信心のあり方は、第十八願に比べると劣った段階だということになりかねない。

大事なことは、三つの願を、おのれの求道《ぐどう》の道筋として納得することであり、そのことを離れて、どの願がもっともすぐれているのか、という議論をすることは、親鸞の本意ではないだろう。

三願を「転入する」というと難しく聞こえるが、簡単にいえば「自力」をすてて「他力《たりき》」に帰する、ということであろう。それが、いかに難しいことか。その道は、すでに「二種深《にしゅじん》信《しん》」においてのべられているように、おのれがいかなる人間であるかという内省によってしか開かれない。日常生活では、自分に自信があることは大事なことである。だが、仏道では、仏の智慧《ちえ》に比べると、人の愚かさは筆舌に尽くしがたいほどひどいものである。その愚かさに、幸いにして気づいたものは、おのれを「凡夫」とみなして、その「凡夫」のために開かれている本願念仏に心が動くのである。

三願は、最終的には第十八願に収斂《しゅうれん》する。その意味では、第十九、第二十願は、第十八願に包摂《ほうせつ》されている、ということになろう。だがくり返すが、それは三願の優劣を論じることなのではない。あくまでも、「他力」に乗じるための道筋として意味があることなのであり、自らが「他力」を欲しない時には、三願は包摂の論理どころか、意味そのものももたない。

「偽の仏弟子」

第十八願に相応する念仏を実践するようになったとき、あらためて「真」から遠い「仮《け》」や「偽《ぎ》」という求道《ぐどう》のあり方が見えてきた。その「仮」や「偽」の求道を批判し、それらを「真」に導くために、親鸞は「方便化身土《ほうべんけしんど》」巻《かん》を著わす。この巻は「本《ほん》」・「末《まつ》」に分かれている。「本」は主として「仮の仏弟子」の内実とその克服の道を示し、「末」は「偽」の求道をとりあげて、仏道への誘いを説く。

「偽」の内容は、すでに「信」巻で「六十二見《ろくじゆうにけん》・九十五種《くじゆうごしゆ》の邪道これなり」（岩波本、一〇八頁）、とのべている。いずれも、古代インドにおける仏教以外の教えの総数である。

親鸞がこうした「外道」を批判の対象とするのは、当時の日本社会における「外道」の優越という現状があり、さらに、それらを仏道、とくに本願念仏の教えに導きいれたいという強い願望があったからであろう。

とくに、真実の教えがはっきりと了解できることによって、非真実の求道が目につくようになると、その求道を真実の教えに導き入れたいという願望が生まれるのは当然であろう。

一種の菩薩魂の発動である。したがって、「末」の冒頭にも、強い口調がうかがわれる。

それもろもろの修多羅《しゆたら》*に拠りて、真偽を勘決《かんけち》*して、外教邪偽《げきようじやぎ》の異執《いしゆう》*を教誡《きようかい》*せば（岩波本、二二六頁）。

その「教誡」の対象としてあげられているのが、おもにつぎの三種である。一つは「天」や「天神」、「鬼神」という神祇《じんぎ》に対する崇拝である。二つは、卜占《ぼくせん》などである。親鸞は、和讃《わ》《さん》でいう。「かなしきかなや道俗の　良時吉日をえらばしめ　天神地祇《てんじんちぎ》をあがめつつ　卜占祭祀《さいし》つとめとす」（「愚禿悲嘆述懐」『定本親鸞聖人全集』ワイド版第二巻、二一一頁）、と。後でもう一度ふれる。三つは、当時の儒教や道教である。

さきの引用に続いて、つぎのようにのべられている。

涅槃経《ねはんぎよう》に言《のたま》わく、「仏《ぶつ》に帰依《きえ》せば、終《つい》にまたその余《よ》のもろもろの天神に帰依せざれ」と。

「**修多羅**」：経典のこと。／「**勘決**」：よく調べて決めること。／「**異執**」：仏教以外の教えに執着していること。／「**教誡**」：教え戒めること。

般舟三昧経《はんじゆさんまいきよう》に言わく、「優婆夷《うばい》*、この三昧《さんまい》を聞きて学ばんと欲《ほつ》せん者は、乃至 自ら仏に帰命《きみよう》し、法に帰命し、比丘僧《びくそう》に帰命せよ。余道《よどう》*に事《つか》うることを得ざれ、天を拝することを得ざれ、鬼神《きじん》を祠《まつ》ることを得ざれ、吉良日《きちりようにち》を視《み》ることを得ざれ」と。已上

また言わく、「優婆夷、三昧を学ばんと欲せば、乃至 天を拝し神《じん》を祠祀《しし》することを得ざれ」と（岩波本、二二六頁）。

あるいは、『論語』からつぎの一文を引用して、その文字と訓点を変えて、「鬼神」への信仰を否定している。

季路、問《と》わく、「鬼神に事《つか》えんか」と。子の曰《いわ》く、「事うることあたわず、人いずくんぞよく鬼神に事えんや」と（岩波本、二五七頁）。

『論語』の原文は、「季路問事鬼神、子曰、未能事人、焉能事鬼」であり、普通にはつぎのように読まれる。「季路、鬼神に事えんことを問う、子曰く、未だ人に事うることあたわず、いずくんぞ能く鬼に事えん」、と。死者にいかに仕えたらよいかという質問に対して、孔子は「生きている人間にも十分仕えることができないでいるのに、どうして死者に仕えることなどできようか」と答えた、とする。

これに対して、親鸞の読み方では、孔子は、鬼神に仕えることはできない、と明言していることになる。

こうした神祇崇拝の否定は、当然ながら、当時の仏教を支えていた神仏習合《しんぶつしゅうごう》や本地垂迹説《ほんちすいじゃくせつ》を真っ向から否定することになり、それは当時の支配体制への批判、否定に結びつくことにもなる。

また、卜占などの否定は、日月の吉凶の否定もふくみ、それらは当時の社会にひろがっていた「陰陽道《おんみょうどう》」の否定を意味したことはいうまでもない。「陰陽道」は、中国の「陰陽五行思想」にもとづき、律令制のなかに「陰陽寮」が設けられたように、政府の機関として、「物忌《ものい》み」や「方違《かたたが》え」など、ほかに諸呪術が執行され、貴族の間に広がり、さらに庶民の生活のなかに深く浸透していた。

また、「末」において延々と引用される『弁正論』（唐・法琳著）は、当時の知識階級に受け入れられていた道教や老荘思想、儒教に対する批判が中心である。

たとえば、道教はつぎのように仏教を批判する。老子は孝と忠を模範としてきたから、百代の王も変わることなく、この教えは国や家を治める手本となってきた。これに対して仏教

「**優婆夷**」：在家の女性信者。／「**余道**」：仏教以外の教え。

は、「義」を棄て、親を棄て、仁も孝も否定する。アジャセは父を殺したが、その罪も償っていない。こうしたことを世の手本とするから、善が生まれようがない（岩波本、二五一頁）、と。

これに対して『弁正論』では仏教をつぎのように擁護する。

人の精神（「識体」）は六道《ろくどう》を輪廻するから、互いに父母でないことはなかった。また、根本的な愚かさ（「無明」）が智慧の眼を覆って、長い時間を生死のなかを往来しているから、互いに父子の関係を結び、敵も友人となり、友人も敵となる。だからこそ、出家者はあらゆる衆生をすべて父母とみなすのである。

そしてさらに、つぎのように反論する。道《どう》は清虚《せいきょ》を尊ぶが、君は恩愛を重視するのか。また法は平等を尊ぶが、君は怨親《えんしん》を選ぶのか。それこそ迷いではないのか（岩波本、二五二頁）、と。

あるいは、つぎのような一文を引用する。

老子・周公・孔子等、これ如来の弟子として化《け》をなすといえども、すでに邪《じゃ》なり。ただこれ世間の善なり、凡《はん》を隔てて聖と成すことあたわず。（中略）よろしく偽《ぎ》を反《かえ》し真につき、邪を捨て正《せい》に入《い》るべし（岩波本、二五五頁）。

だが、さきにも紹介したように、親鸞においては、こうした「偽」の思想・宗教などは、単に否定や批判の対象に終わるのではなく、本願《ほんがん》念仏への進展、展開が求められている。たとえば、つぎの一節などはそれを端的にあらわしている。

「しかるに祭祀《さいし》の法《ほう》*は、天竺《てんじく》*には韋陀《いだ》*、支那《しな》、祀典《しでん》*といえり。すでにいまだ世を逃れず、真を論ずれば俗を誘《こしら》うるの権方《ごんぼう》なり」と（岩波本、二五六頁）。

【大意】

インドでいうヴェーダの聖典、中国でいう祀典は、いずれも世間の道を説くに過ぎず、真理の立場からいえば、俗世間の人々を仏教に導くための方便《ほうべん》なのである。

しかし、「方便」の道を歩むことは容易ではない。本願念仏を信じる立場からは、こうした世俗の思想や習俗などは、本願念仏の教える真実への道程の一つに位置付けられ、「方便」

「**祭祀の法**」：神々を祀る法式。／「**天竺**」：インドのこと。／「**韋陀**」：インドの最古の宗教文献、ヴェーダのこと。／「**祀典**」：祭祀されるべきものを記した中国の文献。

とみなしうるが、祭祀や世俗の法を以て生活の根拠としている人々からすれば、それは本願念仏者たちの、自分に都合のよい主張としか映らないであろう。

逆に本願念仏の宣教者の立場からすれば、そうした困難を超えて、本願念仏の絶対性を説き続けねばならないという要請、ないしは使命が生まれてくることになる。のちになるが、真宗教団が広まるにつれて、氏神《うじがみ》信仰や、神祇《じんぎ》崇拝《すうはい》にもとづく年中行事の実施をめぐって、従来の村人たちとの間で、さまざまな葛藤や争いが生じてくる所以である。そのなかで「門徒もの知らず」という真宗信者に対する蔑視の言葉も生じてきた。

「末法史観」

「方便化身土《ほうべんけしんど》」巻《かん》のなかで、注意を要するのは、「本《ほん》」に紹介されている『末法灯明記《まつぼうとうみょうき》』の末法史観であろう。それは、包摂《ほうせつ》の論理をいわば歴史的に支える根拠といってもよい。

『末法灯明記』は、最澄《さいちょう》の作と伝えられているが、その要点はつぎのとおり。仏教の歴史には「正《しょう》・像《ぞう》・末《まつ》」という三つの変遷があり、現代は、「正法《しょうぼう》」という仏教が生きてはたらいていた時代が去り、教えや実践が形だけになっている「像法《ぞうぼう》」という時代も去りつつある。まもなく「末法《まつぼう》」の時代がはじまるが、「末法」の世では、教えはあっても、それを学ぶものも実践するものもいなくなる、とする。

作者とされる最澄によれば、最澄の生きている時代はまだ「末法」に入っていなくて、「像法」の最後の時代とされている。それゆえに、形だけの僧侶であっても「福田《ふくでん》」、「尊師」として仰ぎ、最澄が唱える「大乗戒壇《だいじょうかいだん》」（大乗仏教の菩薩戒が与えられる祭場）を担う人物の育成を期そうとしていた、と考えられる。

しかし、親鸞は『末法灯明記』に記されている仏滅年の二説（岩波本、二一九頁）のうち、「穆王五十一年壬申《ぼくおうごじゅういちねんみずのえさる》」説を採用している（岩波本、二一七頁）。そして、これによれば、日本では欽明《きんめい》天皇十三年壬申（五五二年）に「末法」に入ったということになる。ちなみにこの年は『日本書紀』にいうところの「仏教公伝」の年となり、日本仏教は伝来の当初から「末法」に入っていたということになる。

なお、「正・像・末」の、それぞれの期間をどのように見るかは諸説あるが、親鸞は、「正法」の時代は五百年間、「像法」の時代は千年間と見ている。そして以後は「末法」の世であり、一万年間続くとする。

つぎの一文は、こうした背景のなかで生まれてきたものにほかならない。

信《まこと》に知んぬ、聖道《しょうどう》の諸教《しょきょう》は在世《ざいせ》*・正法《しょうぼう》のためにして、全《また》く像末《ぞうまち》・法滅《ほうめち》*の時機《じき》*にあらず。すでに時を失《しち》し機に乖《そむ》けるなり。浄土真宗は在世・正法、像末・法滅、濁悪《じょくあく》の群萌《ぐんもう》ひとしく悲引《ひいん》したまうをや（岩波本、二一四～二一五頁）。

この文章自体は、『選択本願念仏集《せんちゃくほんがんねんぶつしゅう》』の冒頭に引用されている、道綽《どうしゃく》の『安楽集《あんらくしゅう》』の「当今は末法、現にこれ五濁悪世なり。ただ浄土の一門のみ有って通入すべき路なり」（角川ソフィア文庫版、一六〇頁）をふまえているのであろう。いまさらであるが、法然や親鸞の仏教は、まことに「末法」という歴史認識の上に成立している仏教なのである。このことの意味は、幾度反復されてもよいことだと考える。

ところで、親鸞の末法史観は『教行信証』では、「正像千五百年」説であるが、『皇太子聖徳奉讃』を最初として、その後の『浄土和讃《わさん》』などにおいては、「正像二千年」説が使われている。仏滅の時期には変わりはないが、「正法」と「像法」のかわりに「五堅固説《ごけんごせつ》」を採用しているからだ。つまり「解脱《げだつ》」、「禅定《ぜんじょう》」、「読誦多聞《どくじゅたもん》」、「多造塔寺《たぞうとうじ》」、「闘諍《とうじょう》」という五つの「堅固」（強く、また実のある状態）の時代をいう。それぞれの期間は五百年。親鸞がいう「正像二千年」説は、親鸞の晩年に経験する時代相が「闘諍堅固」に映じてきたからであろうか。

この二千年説によれば、「末法」（「闘諍堅固」）に入るのは、「永承七年」（一〇五二）となり、日本社会では源平合戦を経て武家時代に入る時期に当たり、親鸞には一層身近に「末法」を感じることとなったのであろう（この点に関しては柏原裕泉、前掲書）。

このように、「末法」という時代認識は、親鸞における「他力《たりき》」の仏教への確信を一段と強化するはたらきをもたらしたといえるが、現代の私たちにも、宗教的求道《ぐどう》がたんに個人の精神的危機だけに終始するのではなく、個人の存在を左右している歴史という大きな流れを視野に入れながらの営みであることにも気づく必要がある。そうでないと、いたずらに神秘主義に陥ったり、時代を超越する点ばかりが強調されて、時代のなかでの生き方が忘却される傾向を生む。時代のなかで、時代の課題と取り組むこともまた、求道者の大事な課題だと考える。

「方便化身土」巻の結文

「方便化身土《ほうべんけしんど》」巻《かん》（本《ほん》・末《まつ》）の結文は、つぎの荘重な言葉ではじまる。

竊《ひそ》かに*おもんみれば*、聖道《しょうどう》の諸教《しょきょう》は行証《ぎょうしょう》ひさしく廃《すた》れ、浄土の真宗は証道《しょうどう》いま盛りなり

（岩波本、二五七頁）。

「在世」：釈尊が存命中の世。／**「法滅」**：仏教滅亡。／**「時機」**：時代と人間。

これ以後の「後序《こうじょ》」といいならわされてきた一群の文は、「方便化身土」巻の結文であると同時に、『顕真実浄土真実教行証文類《けんしんじつじょうどしんじちきょうぎょうしょうもんるい》』(『教行信証』)の結文でもある。その証拠は、「竊かにおもんみれば」という書き出しが、この書の冒頭にある「竊かにおもんみれば」と呼応していると考えられるからである。すなわち、『顕真実浄土真実教行証文類』の冒頭は、その「序」としてつぎのようにはじまる。

竊かにおもんみれば、難思《なんじ》の弘誓《ぐぜい》*は難度海《なんどかい》*を度《ど》*する大船《だいせん》、無碍《むげ》の光明《こうみょう》*は無明《むみょう》の闇《あん》*を破する恵日《えにち》*なり(岩波本、一〇頁)。

ここには、阿弥陀仏の本願《ほんがん》に対する絶大な信頼が溢れており、凡夫《ぼんぶ》は、その本願によってはじめて「無明」を破ることができるという確信がみなぎっている。こうした阿弥陀仏の本願に対する確信が、具体的にいかに実現するのか、を詳細に記すのが本文であり、それを書き終えた今、ふたたび親鸞は、「竊かにおもんみれば」と筆を起こして、本願念仏との出遇いを謝して結文としているといえるであろう。

「後序」と言い習わされてきた結文の内容は、三つに区切ることができる。一つは、法然教団の弾圧についてであり、二つは法然との出遇いなど、自身の信心の歩みを振り返る回顧であり、三つは、文字通りの「結文」である。「後序」についての解説は良書が多いから、詳しくはそれらを見てもらうとして、大筋だけを紹介しておこう。

「後序」

「後序」とよばれている部分の第一は、苛烈な法然教団への弾圧に対する批判である。

　竊かにおもんみれば、聖道の諸教は行証*ひさしく廃れ、浄土の真宗は証道*いま盛りなり。しかるに諸寺《しょじ》の釈門《しゃくもん》*、教《きょう》に昏《くら》くして真仮《しんけ》の門戸《もんこ》*を知らず、洛都《らくと》の儒林《じゅりん》*、行《ぎょう》に迷《まど》うて邪《じゃ》正《しょう》の道路をわきまうることなし（岩波本、二五七頁）。

いうところは、つぎのとおり。当時の仏教はすべて「聖道門《しょうどうもん》」であるが、その修行が衰え、

「**竊かに**」：そっと、ひとしれず。／「**おもんみれば**」：漢字では「以」。思うこと。／「**難思の弘誓**」：思いも及ばない阿弥陀仏の広大な誓い。「弘」は広いこと。／「**難度海**」：凡夫の生きる世界。凡夫の苦しみ、不安の克服しがたいことを海に喩える。／「**度**」：救うこと。／「**無碍の光明**」：煩悩に邪魔されない智慧のこと。／「**無明の闇**」：「無明」は根本的な愚かさ。さきの光明と対して闇という。／「**恵日**」：阿弥陀仏の智慧を太陽に喩える。

修行の成果を見ることがなくなってすでに久しい。一方、法然にはじまる浄土の教えは、悟りに達する道として盛んに広がっている。にもかかわらず、南都《なんと》北嶺《ほくれい》の僧侶たちは仏の教えから遠く、仏教に真実と仮の方便の教えの区別のあることも知らない。都の儒者たちも、なにを実践するべきかという行については迷うばかりで、仏の教える正しい道とそれ以外の邪道との区別もわきまえていない。

このような状況のなかで、興福寺の奏状が出てきたのである。

ここを以て、興福寺《こうぶくじ》*の学徒、太上《だじょう》天皇*［後鳥羽《ごとば》の院《いん》と号す］（諱尊成《いみなたかなり》）、今上《きんじょう》［土御門《つちみかど》の院《いん》と号す］（諱為仁《いみなためひと》）聖暦《せいれき》、承元丁卯《しょうげんひのとのう》の歳、仲春上旬《ちゅうしゅんじょうじゅん》の候《こう》に奏達《そうだち》す。主上臣下《しゅじょうしんげ》、法に背き義に違《い》し、忿《いかり》をなし怨《うらみ》を結ぶ。これに因《よ》りて、真宗《しんしゅう》*興隆《こうりゅう》の大祖《だいそ》源空《げんくう》法師ならびに門徒数輩《しゅはい》、罪科《ざいか》を考えず、みだりがわしく死罪に坐《つみ》す。あるいは僧儀《そうぎ》を改めて姓名《しょうみょう》を賜うて遠流《おんる》に処す。予はその一なり。しかればすでに僧にあらず俗にあらず。この故に禿《とく》*の字を以て姓《しょう》とす。空師《くうし》*ならびに弟子等《ら》、諸方《しょほう》の辺州《へんしゅう》に坐《つみ》して五年の居諸《きょしょ》*を経《へ》たりき（岩波本、二五七〜二五八頁）。

いうところはつぎのとおり。南都の興福寺の学僧が後鳥羽院に対して、「承元丁卯の歳、仲春上旬の候」、つまり一二〇七年二月に法然らの弾圧要求を提出した。それを受けて、天皇や臣下たちは、法然らの弾圧を実行した。そのために、死罪に処せられた弟子や、僧侶の身分を剝奪されて流罪に処せられた弟子が生まれた。私も流罪となったひとりであり、もはや僧でもなく、在俗の人間でもない。それ故に、私親鸞は、以後破《は》戒僧《かいそう》の異名である「禿」をもって姓とする。師の法然や弟子たちが流罪となって、すでに五年を経ている。

右の親鸞の文のなかにある「主上臣下、法に背き義に違し、忿をなし怨を結ぶ」（天皇も家臣も法に背き、正義に反し、無道にも怒りを起こし、怨みを結ぶ）という文は、『無量寿経』のいわゆる「五《ご》悪段《あくだん》」とよばれる「第二悪」から引用されたのであろう。

「第二悪」は、「すべて義理なくして法度に順ぜず、奢淫憍縦《しゃいんきょうじゅ》しておのおの意《こころ》を快くせんと

「**行証**」：修行とその成果。／「**証道**」：悟りにいたる道。／「**諸寺の釈門**」：奈良の興福寺や比叡山の延暦寺など権勢を誇る大寺とそれらに属す僧侶たち。僧侶は共通して「釈」と名乗るから、彼らを釈門という。／「**真仮の門戸**」：本願念仏による真実の教えと、それ以外の教え。教えは人を真理に導くから門戸に譬える。／「**洛都の儒林**」：京都の儒者たち。

「**興福寺**」：法相宗の本山。藤原氏の氏寺。／「**太上天皇**」：譲位した天皇。／「**真宗**」：東西本願寺などの教団としての「真宗」ではなく、真実の仏教、という意味。法然の本願念仏の教えをいう。／「**禿**」：剃髪せずに髪を短くたくわえて結髪にいたらない様。／「**空師**」：法然房源空のこと。／「**居諸**」：日月のこと。

欲《おも》えり」という精神のもたらした結果の悪行なのだが、そのなかに、つぎの一文がある。「主上、明らかならずして臣下を任用《にんよう》す。臣下、自在にして機偽端《きざはし》多し。（中略）忿《いか》り怨結《おんけつ》と成り」（ちくま学芸文庫版、四四一頁）。大意は、「主上は聡明ならず、臣下にまかせきり。臣下は自分の思い通りにして、それを偽るためにからくりを弄する。（中略）またあるときは、互いの利益がぶつかって、その怒りは怨みとなる」、と。

ちなみに、親鸞は『無量寿経』の「五悪段」は引用しなかったという説もあるが、現実社会のあり方を考える上では「五悪段」はきわめて有益であったはずであり、こうしたところに、その影響が出ているといえるのではないか。

また右の一文から、親鸞がなぜ「愚禿親鸞」という名乗りをしたのかも明らかになるが、ここには、親鸞特有の権力批判がうかがわれるようである。つまり、当時は僧侶を世俗の法で罰する際には、僧籍を剝奪して俗名を与えて俗人として処罰するのが慣例であった。そのために、親鸞も藤井善信という俗名が与えられている（『歎異抄』付録）。しかし、親鸞はこの俗名を用いることなく、あらたに自ら「愚禿親鸞」という名乗りをあげたのである。権力のいうがままに、という姿勢は親鸞にはなかったということなのであろう。

こうして、法然らは、遠国へ流罪となり五年の歳月を経たのである。

皇帝*［佐土《さど》の院］（諱守成《いみなもりなり》）聖代《せいたい》、建暦《けんりやく》辛未《かのとのひつじ》の歳、子月《しがち》の中旬第七日*に、勅免《ちよくめん》を蒙《かぶ》りて入洛《じゅらく》して已後《いご》、空《くう》、洛陽の東山《ひがしやま》の西の麓、鳥部野《とりべの》の北の辺《ほとり》、大谷《おおたに》に居《い》たまいき。同じき二年壬申《みずのえさる》寅月《いんがち》の下旬第五日午《うま》の時に入滅《にゅうめち》したまう。奇瑞《きずい》称計《しょうげ》すべからず。別伝《べちでん》に見えたり（岩波本、二五八頁）。

内容は、つぎのとおり。師の源空は、一二一一年晩秋に、罪が許されて京都に戻り、東山の西の麓、鳥部野の北のあたり、大谷の地に住まいして、翌年（一二一二）の正月の二十五日正午に亡くなった。臨終には「奇瑞」（不思議な現象）があったと別伝にある。

親鸞の略伝

ここから、親鸞自身の法然への入門のこと、『選択本願念仏集《せんちゃくほんがんねんぶつしゅう》』を与えられたこと、師・法然の肖像を画くことを許されたこと、などが記される。

しかるに愚禿釈《ぐとくしゃく》の鸞《らん》、建仁辛酉《けんにんかのとのとり》の暦、雑行《ぞうぎょう》を棄てて本願《ほんがん》に帰す。元久乙丑《げんきゅうきのとのうし》の歳《とし》、恩《おん》

「皇帝」：順徳天皇。／「建暦辛未の歳、子月の中旬第七日」：一二一一年十一月十七日。

恕《じょ》を蒙《かぶ》りて選択《せんじゃく》を書《しょ》しき。同じき年の初夏《そか》中旬第四日に、「選択本願念仏集《せんじゃくほんがんねんぶつしゅう》」の内題の字、ならびに「南無《なむ》阿弥陀仏、往生之業《おうじょうしごう》、念仏為本《ねんぶついほん》」と「釈綽空《しゃくのしゃくくう》」の字と、空《くう》の真筆《しんひち》を以て、これを書かしめたまいき。同じき日、空の真影《しんえい》申し預りて、図画《ずえ》したてまつる。同じき二年閏《うるう》七月下旬第九日、真影の銘に、真筆を以て「南無阿弥陀仏」と「若我成仏《にゃくがじょうぶつ》十方衆生《じゅうほうしゅじょう》、称我名号下至十声《しょうがみょうごうげしじゅうしょう》、若不生者不取正覚《にゃくふしょうじゃふしゅしょうがく》、彼仏今現在成仏《ひぶつこんげんざいじょうぶつ》、当知本誓重願不虚《とうじほんぜいじゅうがんふこ》、衆生称念必得往生《しゅじょうしょうねんひちとくおうじょう》」の真文《しんもん》とを書かしめたまう。また夢の告《つげ》に依《よ》りて、綽空《しゃくくう》の字を改めて、同じき日御筆《ごひち》を以て名《な》の字《じ》を書かしめたまい畢《おわ》んぬ。本師聖人《ほんししょうにん》、今年《こんねん》は七旬三の御歳《おんとし》なり。

選択本願念仏集は、禅定博陸《ぜんじょうはくりく》*（月輪殿兼実《つきのわどのかねざね》、法名円照《ほうみょうえんしょう》）の教命《こうめい》に依りて撰集《せんじゅう》せしむるところなり。真宗《しんしゅう》の簡要《けんよう》、念仏の奥義《おうぎ》、これに摂在《しょうざい》せり。見るもの諭《さと》りやすし。誠にこれ希有最勝《けうさいしょう》の華文《かもん》*、無上甚深《むじょうじんじん》の宝典《ほうでん》*なり。年《とし》を渉《わた》り日を渉りて、その教誨《きょうけ》を蒙《かぶ》るの人、千万なりといえども、親《しん》と云《い》い疎《そ》と云い、この見写《けんしゃ》を獲《う》るの徒《ともがら》、甚だ以て難《かた》し。しかるにすでに製作を書写し、真影《しんえい》を図画《ずえ》せり。これ専念正業《せんねんしょうごう》の徳*なり、これ決定往生《けちじょうおうじょう》の徴《ち》*なり。よりて悲喜の涙を抑えて由来の縁を註《しる》す（岩波本、二五八〜二五九頁）。

はじめにある「愚禿釈の鸞、建仁辛酉の暦、雑行を棄てて本願に帰す」は、親鸞が法然の門人となり、本願念仏者になったことを示す、いわば親鸞の回心《えしん》の時期を示すものとして注目される。「建仁辛酉の暦」は、西暦の一二〇一年であり、親鸞二十九歳であった。

つぎの「元久乙丑の歳」とは、西暦の一二〇五年で、入門からあしかけ五年目になる。この年、法然の特別の許しを得て『選択本願念仏集』を書写することができた。そしてその年の四月十四日（「初夏中旬第四日」）に、書写した『選択本願念仏集』の「内題」として、法然が自ら筆を執って「選択本願念仏集」という文字を記し、さらに「南無阿弥陀仏、往生之業、念仏為本」と「釈綽空」を書き記した。ちなみに、「内題」とは書物の表紙ではなく、本文の始めの部分に記される書物の題名をいう。「綽空」は、法然門下時代の親鸞の名前。道綽と源空からとられたのであろう。

同じ日に、法然の絵像を借りて模写した。その年の七月二十九日には、模写した絵像に「銘」として、法然がまた筆を執って、「南無阿弥陀仏」と「若我成仏十方衆生、称我名号下至十声、若不生者不取正覚、彼仏今現在成仏、当知本誓重願不虚、衆生称念必得往生」とい

「**禅定博陸**」：禅定は出家して入道になること。博陸は摂政関白の唐名。九条兼実のこと。／「**希有最勝の華文**」：たぐいまれなすぐれた文。／「**無上甚深の宝典**」：この上もない奥深い真理が述べられている貴重な書。／「**専念正業の徳**」：専念は信心、正業は念仏のこと。念仏者になった徳。／「**決定往生の徴**」：往生が約束されている身になったしるし。

う善導の文を書きいれた。また同じ日、夢の告げにより、綽空の名を別の名として、それも法然に書いてもらった。その年、師の法然は御年七十三歳であった。

文中にある「夢の告げ」による改名については、よく分からない。法然によってつけられた「綽空」を時間も経たないうちに改めねばならなかった理由は分からない。またその際、どのような名前となったのかも不明である。

つぎに記されているのは、『選択本願念仏集』の説明である。いうところは、つぎのとおり。この書は、もともと、出家して僧形となった関白・九条兼実《くじょうかねざね》の命令で書かれた。そこには、「真宗」の要点と念仏の奥義が説かれている。読む者は誰でもよく分かるすぐれた書物である。法然の教えを蒙ったものは数知れないが、私のように『選択本願念仏集』の書写を許されたものはきわめて少ない。しかし、私は書写を許されただけでなく、絵像までも写すことが許されたのである、これはもっぱら本願を信じて念仏をした、その徳のあらわれではないか。また、浄土往生が定まったしるしといわねばならない。こうしてここに、悲喜の涙をおさえて、ここにいたった由来を記すものである。

慶《よろこば》しいかな、心を弘誓《ぐぜい》の仏地《ぶつじ》*に樹《た》て、念《おもい》を難思《なんじ》の法界《ほうかい》*に流す。深く如来の矜哀《こうあい》*を知りて、まことに師教《しきょう》の恩厚《おんこう》を仰ぐ。慶喜《きょうき》いよいよ至り、至孝《しこう》いよいよ重し。これに因《よ》りて、真宗の詮《せん》を鈔《しょう》し、浄土の要《よう》を摭《ひろ》う。ただ仏恩の深きことを念《おも》うて、人倫《じんりん》の嘲《あざけ》りを恥じず。

もしこの書を見聞《けんもん》せん者、信順《しんじゅん》を因とし、疑謗《ぎほう》を縁として、信楽《しんぎょう》を願力《がんりき》に彰《あら》わし*、妙果《みょうか》を安養《あんよう》に顕《あら》わさん*と（岩波本、二五九頁）。

意味はおよそつぎのとおり。よろこばしいかな。わが心を本願の大地に立てて、思惟《しゆい》をはるかに超えた真理の世界に思いを遊ばす。深く如来の慈悲を知って、まことに師の教えの厚恩を仰ぐ。喜びはつのり、その恩に報いたいという気持ちが強くなる。この思いによって、真宗の要点を抜出し、浄土の教えの要を拾う。私は、ひたすら仏恩の深いことを心に染みて思うのであり、人々の嘲りを恥ずかしいとは思わない。もしこの書を読む人がいれば、信じる心を因として、疑いや謗ることを縁として、本願の力によって信心が生まれ、その結果、浄土に生まれることをはっきりと示したい。

右の文にある「心を弘誓の仏地に樹て、念を難思の法界に流す」は、術語や修飾の仕方が

「弘誓の仏地」：阿弥陀仏の本願に基づく仏の境地。／**「難思の法界」**：凡夫には思いも及ばない真実の世界。／**「矜哀」**：矜はあわれむ。哀はかなしむ。／**「信楽を願力に彰わし」**：信念が本願と一体になってあらわれること。／**「妙果を安養に顕わさん」**：信心の結果が浄土において結ばれること。

現代の私たちには縁遠いが、内容は、阿弥陀仏の誓願を信じて念仏することをもって、自分の人生の「立脚地」（清沢満之《きよざわまんし》の言葉）とする、という意味であろう。「凡夫親鸞の到達点」であり、「『教行信証』の到達点」（星野元豊『講解教行信証』、二二三一頁）を示す言葉だという解釈もある。

また、「疑謗を縁として」という言葉がみられるが、仏教では、「因《いん》・縁《ねん》・果《か》」といわれるように、「縁」の役割が重要視される。「因」が直接的原因だとすると、「縁」は間接的原因であり、人が「縁」のすべてを知ることは不可能である。それだけに、「縁」に対して謙虚であることが求められる。「縁」には、「順縁《じゅんえん》」もあれば「逆縁《ぎゃくえん》」ある。「誹謗《ひぼう》」は、まさしく「逆縁」であろう。しかし、「逆縁」は「順縁」よりもはるかに重大な役割を果たすことが多い。本願念仏を「誹謗」することによって、本願念仏に帰する機会も決して少なくはない。親鸞は、そうした「逆縁」への期待ももっていたのであろう。

この点、「行《ぎょう》」巻《かん》に記されていた元照律師《がんじょうりつし》の言葉は、親鸞のそうした思いを知る上でも役に立つのではないか。念のために引用しておく。

元照の云《いわ》く、「いわんやわが仏《ほとけ》の大慈《だいじ》、浄土を開示して慇懃《おんごん》にあまねく諸大乗《しょだいじょう》を勧嘱《かんぞく》したまえり。目に見、耳に聞きてことに疑謗《ぎほう》を生じて、自ら甘く沈溺《ちんにゃく》して超昇《ちょうしょう》を慕《ねが》わず。如来説きて憐憫《れんびん》すべき者のためにしたまえり。良《まこと》にこの法のひとり常途《じょうず》に異なることを知らざるに由りてなり。賢愚《けんぐ》を択《えら》ばず、緇素《しそ》を簡《えら》ばず、修行の久近《くごん》を論ぜず、造罪《ぞうざい》の重軽《じゅうきょう》を問わず、ただ決定《けちじょう》の信心、即ちこれ往生の因種《いんしゅ》ならしむ」と（岩波本、四八頁）。

【大意】

釈迦は凡夫のために大慈悲心をおこして浄土の教えを示し、浄土経典以外にもねんごろに諸々の経典にも浄土の教えをすすめている。しかし、経典を読み耳に説法を聞いているにもかかわらず疑いをもち、謗るものもいる。彼等は自らに甘んじて現状に溺れて、悟りの世界を求めようともしない。如来はこのような人間のために浄土の教えを説いているのだ。それは常なみの教えではなく、特別に尊い。それがわからずに疑いをもつ。浄土の教えは賢愚・在家や出家の区別を選ばない。また修行の長短も問わない。罪の軽重も問わない。ただ信心を定めることが浄土往生の因となるのである。

文中の「この法のひとり常途に異なること」は、漢文でいえば「此法特異常途」であるが、親鸞は「特」の右には「ヒトリ」と訓をつけ、左には「コトニ」と左訓を施している。「三《さん》願転入《がんてんにゅう》」を示す文章にある「特」には、訓として「マコト」が、左訓として「ヒトリ」が付けられている。その意義については、柏原裕泉《かしわはらゆうせん》の懇切な解説があるが（『「顕浄土方便化身土文類」の考察』、六三頁）、ここでも、「特」の文字に「ヒトリ」と「コトニ」という訓を付しているのは、本願念仏のみが唯一の凡夫の救済法であることを強調し、本願念仏を「疑謗」する者もいつの日にか本願念仏に帰入する時があることを期待している、と考えられよう（前掲書、二〇一頁）。

「連続無窮」

ここからは、いわゆる結びの文になる。

安楽集《あんらくしゆう》に云《いわ》く、「真言《しんごん》を採り集めて、往益《おうやく》を助修《じよしゆ》せしむ。いかんとなれば、前《さき》に生れん者は後《のち》を導き、後に生れん者は前を訪《とぶら》え、連続無窮《れんぞくむぐう》にして、願わくは休止《くし》せざらしめんと欲《ほち》す。無辺《むへん》の生死海《しようじかい》を尽くさんがための故なり」と（岩波本、二五九頁）。

『安楽集』は道綽《どうしやく》の撰した『観無量寿経《かんむりようじゆきよう》』の注釈書で、仏教を「聖道門《しようどうもん》」と「浄土門《じようどもん》」に大別した書である。そのなかに、つぎのようにのべられている。「真言」（如来の真実の言葉）を採り集めて、浄土に生まれる利益を得られるように手助けしたい。なぜかといえば、先に生まれたものは後に生まれてくるものを導き、後に生まれてくるものは先人をたずねて、教えが途絶えることがないようにしたいからだ。それも、限りのない生死の海をわたるのに苦しむ者がないようにするため、にほかならない。

右の文中にある「後に生れん者は前を訪え」は、漢文では「後生者訪前」であるが、道綽の原文では「後去者訪前」とあり、意味も「後に往生する者は前者に習う」ということだが、親鸞は「去」を「生」に変えている。それは「信心の継承関係を現生的な、より今日的な事柄として強調」（柏原、前掲書、二〇二頁）したいがためではなかったか、という。賛成である。

つづいていう。

しかれば、末代《まちだい》の道俗*、仰《あお》いで信敬《しんきょう》すべきなり。知るべし（岩波本、二五九頁）。

この短文も、見逃すことができない。というのも、親鸞はほかの「序」のなかでも、同じ意味の文をくり返して記しており、私どもの自覚の重要性に言及しているからである。たとえば、「信《しん》」巻《かん》の別序《べつじょ》といわれる箇所でもつぎのようにのべている。

しかるに末代の道俗、近世《こんせ》の宗師《しゅうし》*、自性唯心《じしょうゆいしん》*に沈みて浄土の真証《しんしょう》*を貶《へん》す、定散《じょうさん》の自心《じしん》*に迷《まど》うて金剛《こんごう》の真信《しんしん》*に昏《くら》し（岩波本、七一頁）。

さらにつぎのような文もある。

しかれば穢悪濁世《えあくじよくせ》の群生《ぐんじよう》、末代の旨際《しさい》を知らず、僧尼《そうに》の威儀《いぎ》を毀《そし》る。今の時の道俗おのれが分《ぶん》を思量《しりよう》せよ（岩波本、二一七頁）。

【大意】

現代はもはや濁悪の末世であり、そこに生きる者はそのことに気づいてもいない。そして、僧侶や尼僧たちのあり方をそしって平気である。しかし、末世に生きることを僧侶はもちろん俗人も、自分に引き当ててよくよく弁《わきま》えるべきではないのか。だれも、穢悪濁世を免れることはできないのだ。

もとへもどる。いよいよ、最後の文である。

華厳経《けごんぎよう》の偈《げ》に云《のたま》うがごとし。「もし菩薩、種種《しゆじゆ》の行《ぎよう》を修行するを見て、善・不善の心《しん》を起こすことありとも、菩薩みな摂取《しようしゆ》せん」と（岩波本、二五九頁）。

この『華厳経』の言葉は、釈尊の妃が悟りの境地に達して説いた言葉だといわれている。

悟りの境地に立つと、「生死海」のすべての衆生の善・不善の一切が知られるという。そのために大悲《だいひ》が発動されてくる。「善・不善」を論ぜず一切を摂取することこそ、阿弥陀仏の願いであり、親鸞にとっては、それこそがこの書を結ぶにふさわしい言葉であったのであろう。(了)

「**末代の道俗**」:末世の僧侶や俗人。/「**近世の宗師**」:近頃の宗派の師匠たち。/「**自性唯心**」:各自の本性がそのまま仏性とみる立場。その自性を離れて阿弥陀仏は存在しない、とする。そして心が迷いから解放されれば、そこが浄土だとする。/「**浄土の真証**」:浄土の真実の証。/「**定散の自心**」:瞑想によって心を静めることが定善。散善は道徳的実践によって得られる善。これらはいずれも自力の修行。/「**金剛の真信**」:阿弥陀仏の本願がもたらすまことのこころ。

おわりに

『教行信証』は、現代の一般読者にとっては、読むのに苦労する難しい本だといってよい。その理由は、一つは、親鸞ほどに仏教に関する知識や理解がないということ。この書が先人の文献の引用で満たされているだけに、その思いを強くいだくだろう。二つは、「他力《たりき》」という考え方が分からない、という点だ。現代の人間は、「自己実現」という妄念に囚われていて、自己がなんであるかという検討もなしに、ひたすらエゴの発揮をもって人生の意味と取り違えている。

そういう人間には「他力」は言葉で分かっても、「自力」を離れることがきわめて難しい。なんでも自分の力で獲得できる、と考えているからだ。加えて、うまくゆかないことが生じても、それは自分に力がないというよりは、自分の行く手を邪魔する勢力があるからだと考えがちとなる。「自是他非《じぜたひ》」が身に沁みついている。

それでも、なぜ『教行信証』が知識人たちの関心を惹くのか。日本人の書いたものとしては、めずらしく「概念」の組み合わせが明確で、「論理」が一貫しており、ヨーロッパ近代の知性にあこがれる知識人たちには、日本にも彼らに匹敵する思考力をもっていた人間がいた、という安心感を与えるらしい。しかし、そこでは親鸞が求めた「信心」は、往々にして棚上げとなっている。

こうした親鸞論の流行こそは、近代日本の精神史における大きな課題を示す現象なのだが、それはそうとして、今回、私はあらためて『教行信証』を読み直すなかで気づいたことがある。

その一つは、親鸞にとって「仏」とは「還相《げんそう》の菩薩」そのものだ、ということである。「還相の菩薩」については、本文を見てほしいが、『教行信証』の構想自体が「往相《おうそう》」と「還相」からできあがっていることと深い関係がある。

今まで、ややもすれば、浄土仏教は「浄土」へ往生する、という点だけで論じられる傾向があったが、法然や親鸞においては、「浄土」に生まれることは、いわば手段であり、「浄土」で新たな智慧《ちえ》を得て、「還相の菩薩」として現世に戻ってきて慈悲を実践することが目的なのである。

凡夫《ぼんぷ》にとって、そのような慈悲への思いをもつことはむつかしいことであるが、念仏という行《ぎょう》のなかで、そうした思いがはっきりしてくることを親鸞は明らかにしている。

世間では、仏について種々のイメージがあろうが、親鸞においては慈悲の実践に極まっていることが、今回の仕事を通じてあらためて確認できたことは、私にとっては意義のあることであった。このような「還相の菩薩」の意義の強調は、本願念仏を仏教の正統と位置づける親鸞の仕事からすれば当然のことであろうが、あらためて、「慈悲」が仏教の生命であることを明確にしたことの意味は大きい。つまり、念仏者の社会的な生き方に大いに関係するからである。

こうした点からいえば、「証《しょう》」巻《かん》の意味は大きいといわねばならないだろう。「証」巻は、本願念仏の教えを実践するとどのような成果が生まれるのか、を論じる巻だが、多くの場合、その前半で論じられる「正定聚《しょうじょうじゅ》」に学者たちの関心が集まり、その後に論じられる「還相」については、「浄土」に生まれた後のことということもあり、必ずしも十分に論じられてきたとはいいがたい。

しかし、この身のままで「還相」の活動ができるわけではないが、私の「浄土」を願うということ自体が、もろもろの「還相」の支えによって生まれているのであり、「還相の菩薩」の活動の現れと見るならば、「浄土」に生まれようとすること自体が「還相」と深く関わっていることになり、両者は一体になっていることが分かってくる。「阿弥陀仏の物語」は、親鸞が「教《きょう》」巻《かん》の冒頭で指摘したように、「往相」と「還相」の二面から成立しているのであり、「還相」から「往相」を見るという立場もあることに気づくのである。

それにしても、『教行信証』はむつかしい。そして、実践上からいえば、法然のいう通り、本願念仏は「ただ」、「一向に」念仏するだけなのである。法然が「一枚起請文《いちまいきしょうもん》」のなかで念仏する姿勢を云々する「三心四修《さんじんししゅ》」を論じることを戒めたように（『昭和新修法然上人全集』、四一六頁）、「ただ」、「一向《いっこう》に」念仏することを助けるために、『教行信証』もあることを忘れてはならないであろう。

なお、今回も編集部の藤岡泰介さんにお世話になった。藤岡さんとは、長年にわたり、仏教古典を一緒に読むという、いわば同志的な関係にあるので、『教行信証』という難しい古典をいかにして親しみやすく、読みやすくするかについても、余人をもって代え難い工夫を凝らしていただいた。心から御礼を申し上げる。

文献一覧

阿満利麿『親鸞からの手紙』ちくま学芸文庫、二〇一〇年
阿満利麿訳・解説『選択本願念仏集——法然の教え』角川ソフィア文庫、二〇〇七年
阿満利麿訳・注・解説『歎異抄』ちくま学芸文庫、二〇〇九年
阿満利麿注解『無量寿経』ちくま学芸文庫、二〇一六年
石井教道『選択集全講』平楽寺書店、一九九八年
石井教道編『昭和新修法然上人全集』平楽寺書店、一九七四年
石田充之『浄土教思想入門』百華苑、一九五六年
大橋俊雄編『法然　一遍』（『日本思想大系』10）岩波書店、一九七一年
梶山雄一『空の思想——仏教における言葉と沈黙』人文書院、一九八三年
梶山雄一『輪廻の思想』人文書院、一九八九年
梶山雄一「「世界」の概念について」『般舟三昧経』（『浄土仏教の思想』第二巻）講談社、一九九二年
柏原裕泉『「顕浄土方便化身土文類」の考察』真宗大谷派宗務所出版部、二〇〇〇年

金子大栄編『親鸞著作全集』法藏館、一九六四年
佐竹昭広・久保田淳編『方丈記　徒然草』(『新　日本古典文学大系』39)岩波書店、一九八九年
佐藤成順『宋代仏教の研究――元照の浄土教』山喜房佛書林、二〇〇一年
信楽峻麿『真宗学概論』法藏館、二〇一〇年
信楽峻麿『真宗求道学』法藏館、二〇一一年
『浄土真宗聖典』七祖篇　本願寺出版社、一九九六年／二〇〇八年
『浄土論註総索引』東本願寺出版部、一九七二年／一九九三年
『真宗聖教全書』一　三教七祖部　興教書院、一九四〇年
『真宗聖教全書』二　宗祖部　興教書院、一九四〇年
『真宗聖典』真宗大谷派宗務所出版部、一九七八年／二〇一三年
親鸞聖人全集刊行会編『定本親鸞聖人全集』ワイド版、法藏館、二〇一〇年
曾我量深『伝承と己証』丁子屋書店、一九三八年
曾我量深『曾我量深選集』第二巻、大法輪閣、二〇〇九年
曾我量深『曾我量深選集』第八巻、大法輪閣、一九七一年
曾我量深『法蔵菩薩』法藏館、一九七七年
曾我量深『曾我量深講義集』第四巻、彌生書房、一九七九年

曾我量深『曾我量深説教集』第一巻、法藏館、二〇一一年
武内義範『教行信証の哲学』弘文堂、一九四一年
坪井俊映『浄土三部経概説』隆文館、一九五六年
寺田寅彦『柿の種』岩波文庫、一九九六年
中村元・福永光司・田村芳朗・今野達・末木文美士編『岩波仏教辞典』岩波書店、一九八九年
中村元・紀野一義・早島鏡正訳注『浄土三部経』上・下、岩波文庫、一九九〇年
中村元『広説仏教語大辞典』東京書籍、二〇〇一年
夏目漱石『人生』(『漱石全集』第一二巻) 岩波書店、一九六六年
夏目漱石『門』(『漱石全集』第四巻) 岩波書店、一九八五年
早島鏡正・大谷光真『浄土論註』大蔵出版、一九八七年/二〇〇三年
東本願寺『解読浄土論註』上・下　真宗大谷派宗務所出版部、一九八七年
東本願寺『真宗聖典』真宗大谷派宗務所出版部、一九七八年
平松令三『親鸞の生涯と思想』吉川弘文館、二〇〇五年
広瀬杲『観経疏に学ぶ』玄義分 一　法藏館、一九七九年
広瀬杲『観経疏に学ぶ』玄義分 二　法藏館、一九八三年
藤田宏達『大無量寿経講究』真宗大谷派宗務所教育部、一九九〇年

星野元豊・石田充之・家永三郎校注『親鸞』(『日本思想大系』11)岩波書店、一九七一年
星野元豊『講解教行信証』法藏館、一九七七〜八三年
眞野正順『無量寿経講話』大法輪閣、一九六三年
山口益『仏教学序説』平楽寺書店、一九六一年
山辺習学・赤沼智善『教行信証講義』法藏館、一九五一年
『親鸞聖人真蹟国宝顕浄土真実教行証文類影印本』大谷派宗務所、一九七一年

索　引

この索引では、それぞれの事項について、辞書的に説明している箇所や、理解の助けとなる箇所をあげています。ご活用いただければ幸いです。

（編集部）

阿満利麿（あま・としまろ）

1939年生まれ。京都大学教育学部卒業後、NHK入局。社会教養部チーフ・ディレクターをへて、明治学院大学国際学部教授。現在、明治学院大学名誉教授、連続無窮の会同人。専門は日本精神史。とくに日本人にとっての宗教の意味を探究している。主な著書に『日本精神史』（筑摩書房）、『日本人はなぜ無宗教なのか』『人はなぜ宗教を必要とするのか』『無宗教からの『歎異抄』読解』『仏教と日本人』『親鸞』『法然入門』（以上、ちくま新書）、『宗教は国家を超えられるか』『法然の衝撃』『親鸞・普遍への道』『親鸞からの手紙』『行動する仏教』（以上、ちくま学芸文庫）、『法然を読む』（角川ソフィア文庫）など多数。訳・注解書に『歎異抄』『無量寿経』（以上、ちくま学芸文庫）がある。

『教行信証《きようぎようしんしよう》』入門《にゆうもん》

2019年3月25日　初版第1刷発行

阿満利麿 ——— 著者
喜入冬子 ——— 発行者
株式会社 筑摩書房 ——— 発行所
東京都台東区蔵前2-5-3　郵便番号111-8755
電話番号03-5687-2601（代表）
工藤強勝＋勝田亜加里 ——— 装幀
俵有作 ——— 装画
株式会社 精興社 ——— 印刷
加藤製本 株式会社 ——— 製本

ISBN978-4-480-84748-5　C0015

◉阿満利麿の本◉

〈ちくま学芸文庫〉
無量寿経
阿満利麿 注解

なぜ阿弥陀仏の名を称えるだけで救われるのか。法然や親鸞がその理解に心血を注いだ経典の本質を、懇切丁寧に説き明かす。文庫オリジナル。

〈ちくま学芸文庫〉
歎異抄
阿満利麿 訳／注／解説

没後七五〇年を経てなお私たちの心を捉える、親鸞の言葉。わかりやすい注と現代語訳、今どう読んだらよいか道標を示す懇切な解説付きの決定版。

〈ちくま学芸文庫〉
行動する仏教
法然・親鸞の教えを受けつぐ
阿満利麿

戦争、貧富の差、放射能の恐怖……。このどうしようもない世の中ででも、絶望せずに生きてゆける、21世紀にふさわしい新たな仏教の提案。

〈ちくま学芸文庫〉
親鸞からの手紙
阿満利麿

現存する親鸞の手紙全42通を年月順に編纂し、現代語訳と解説で構成。これにより、親鸞の人間的苦悩と宗教的深化が、鮮明に現代に立ち現れる。